自分の脳《のう》を自分で育てる

たくましい脳をつくり、じょうずに使う

川島隆太
Kawashima Ryuta

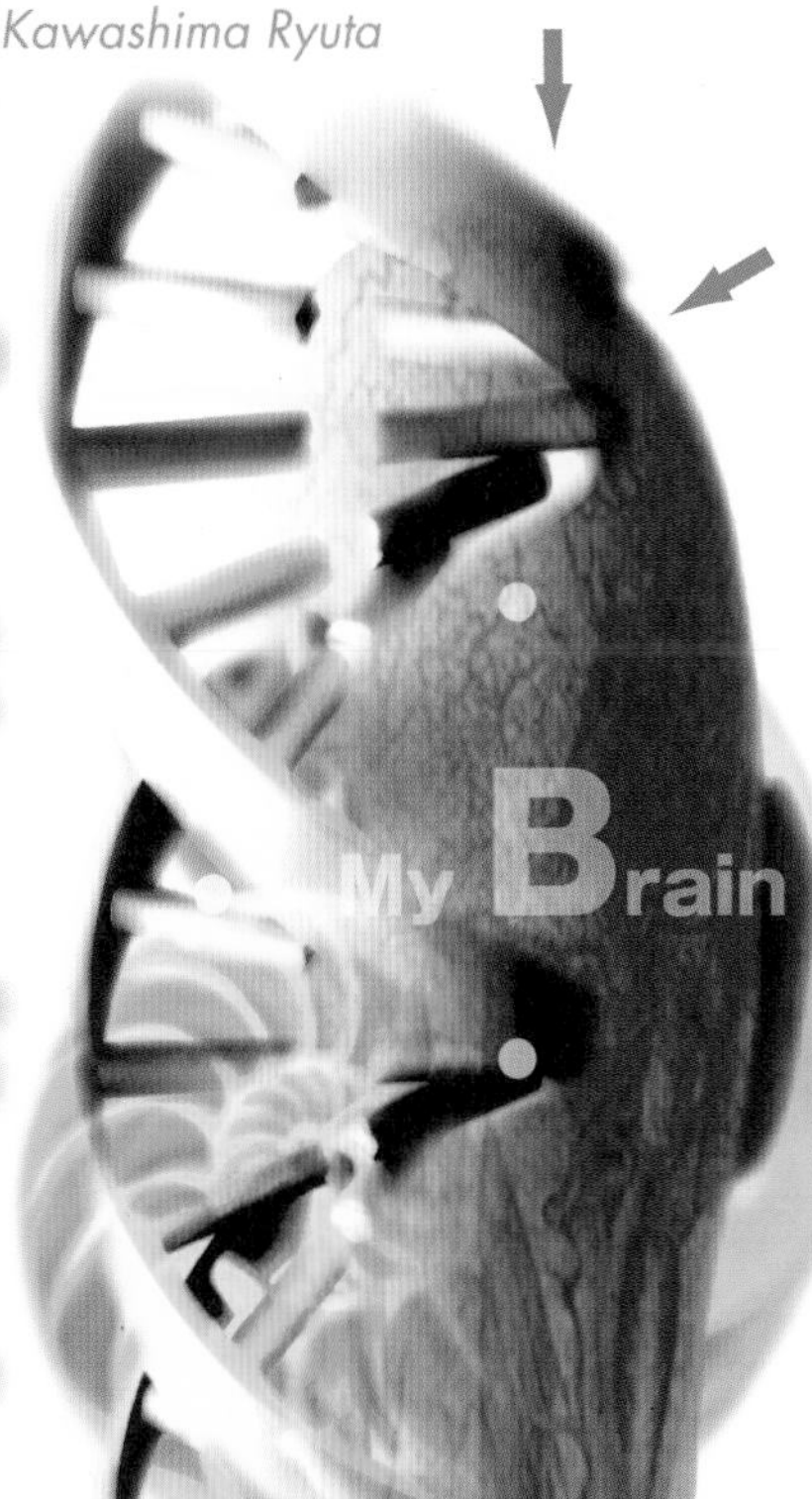

くもん出版

万平、康介、瑞記、克也へ

自分の脳《のう》を自分で育てる

もくじ

自分の脳《のう》を自分で育てる

川島隆太

第1章

はじめに――
脳《のう》の世界へようこそ

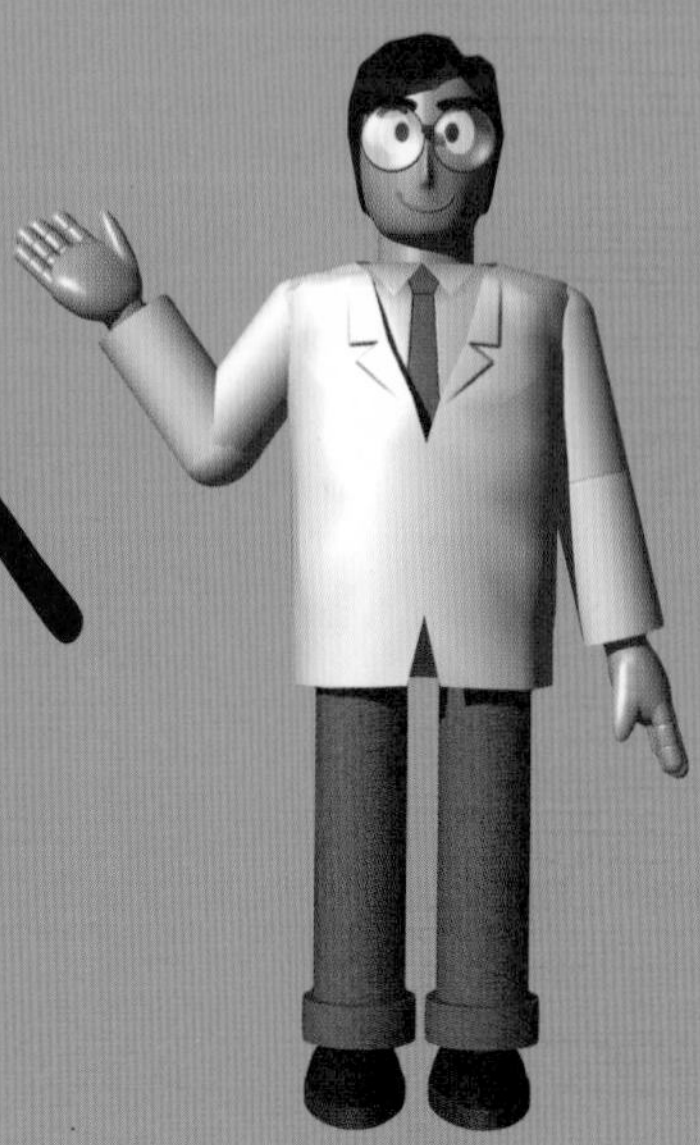

まずは、みなさんにお聞きします。脳《のう》というのが、体のどこにあるか、知っていますか？

頭の中？　はい、そのとおりです。これは、簡単《かんたん》ですね。

では、脳ってなんでしょう？　これは、ちょっとむずかしいですか？「なんか、最初から変なことを聞くな」とか、「こんなんでは、最後まで読めるかな」なんて思っている人はいませんか？

じつは、そう〝思っている〟のが、まさにみなさんの脳なのです。

えっ、なんですか。「いきなり、ややこしいなぁ」だって？

〝思っている〟だけでなく、この本を〝見つけた〟のも、〝手に取ってみた〟のも、〝開いている〟のも、そして〝読んでいる〟のも、じつは全部、みなさんの脳のしわざです。

さっき、「脳は、頭の中にある」と〝答えた〟のも、みなさんの脳です。

どうですか。ますます、わけがわからなくなったでしょう。

そうです。この本を〝書き〟、はじめのところでちょっとむずかしい質問《しつもん》をしてやれと〝考えた〟のも、わたしの脳なのです。

脳《のう》のしわざを解《と》きあかす

このように、**脳が活動することで、わたしたちは、いろいろなことをおこなうことができます。**今わたしは、「脳のしわざです」と自信たっぷりにいっていますが、百年くらい前まで、脳の働きについては、なにもわかっていませんでした。いいえ、今でも、わたしたちの脳は、まだまだ多くのことがわかっていません。

わたしや、わたしの仲間たちが取りくんでいる「脳科学《のうかがく》」という学問は、なぞだらけの脳の働きを解《と》きあかしていくことを目的にしています。一つ一つ研究を積みかさねて、〝脳の働きを100％解明《かいめい》する〟というゴールに向い、つきすすんでいるところです。

脳はほんとうにふしぎで、研究していても、あきることはありません。現在《げんざい》までに解

明できたことは、おそらく、まだ全体の10％にもならないと思います。わたしたち、世界中の脳科学者《のうかがくしゃ》は、脳《のう》のわからない部分を少しでも知るために、大学の研究室や、その他の施設《しせつ》で、さまざまな実験をしています。

その中でも、わたしがおこなっているのは、人間の脳が実際《じっさい》にどのように働いているのかを、画像《がぞう》にして調べる研究です。専門的《せんもんてき》には、「ブレインイメージング研究」といいます。この本では、わたしの研究成果を、いろいろと紹介《しょうかい》していきます。

まずは、みなさんがきっと大好きで、とても興味《きょうみ》があると思うコンピュータゲームについて、わたしが確《たし》かめた実験の話から始めます。じつは、この実験は、わたしの予想と結果がまったくちがっていて、「脳の研究って、おもしろいな」と、つくづく思った実験でもあります。

どちらが脳《のう》を使う？　コンピュータゲームと計算

これは、わたしが大学での勉強を終え、さらに研究を進めるために、大学院で脳の働きについて調べていたころの話です。

脳の研究なんて、まだ、世の中の人びとからほとんど注目されていなかったので、そのような研究に対して、必要な費用を出してくれるところはありませんでした。

そのころ、新しい機械が開発されて、生きている人がいろいろな活動をするときに、脳がどのように働いているかを調べることができるようになりました。生きている人の頭をぱかっとわって、脳を取りだすなんていうことはできませんから、脳の働きを画像にして見ることができる、これは、わたしたち脳科学者にとって大きなよろこびでした。

しかし、この機械を使ってどんどん研究を進め、脳の働きを次つぎに解《と》きあかしていくぞ、と強く思っているのに、そのための費用がないのです。これほどつらいことはありません。

「なんとか、研究に必要な費用を手に入れるいい方法はないものか?」と、研究室の仲間と、あれこれ頭をひねっていました。

そんなある日、「今、たくさんもうけている会社は、どこだろう?」という話になりました。ちょうど、コンピュータゲームの人気が急上昇《きゅうじょうしょう》しているときでした。わたしも、コンピュータゲームが大好きです。みなさんも、コンピュータゲームをしているとすごく楽しくて、時間を忘《わす》れて、熱中してしまうのではないでしょうか。

「コンピュータゲームをするには、目や耳、体、頭をいっぱい使うから、脳は活発に働いているにちがいない」と、わたしは思いました。

あとでわかりやすく説明しますが、体をたくさん動かすと、体がきたえられていくように、脳もたくさん働かせると、どんどんきたえられていきます。

「よし、ゲーム中の脳《のう》の活動を調べてみよう。予想どおりの結果が出たら、コンピュータゲームの会社へ持っていき、『ゲームをしているときは、脳がたくさん働いて、脳がきたえられます。だから、子どもたちがゲームをするのは、とてもいいことなのです』なんて説明して、そのお礼に研究に必要な費用を出してもらおう」

と、ちょっと悪いことを思いつきました。

わたしは、いろいろなコンピュータゲームの中から、状況《じょうきょう》に合わせて手足を動かしたりジャンプをしたりしながら、画面の中の登場人物を動かす、というゲームを選びました。ゲームが好きな人なら、「あっ、あれか」と、わかるでしょう。人物をどのように動かせばいいのかと考えたり、目や指ばかりでなく、体全体を使うゲームなので、きっとたくさん脳を使うにちがいないと、信じていました。

そして、そのとき思いついたのは、楽しいコンピュータゲームと正反対のことをしているときの脳の活動も調べてみて、二つをくらべたほうがよりわかりやすい、ということです。

つまらなくて、たいくつで、つらいものはなんだろう……ということで、わたしが中学生のときに何度もやらされたことのある「内田《うちだ》クレペリン検査《けんさ》」というテストを選びました。

この検査は、一行に一けたの数字が、わーっと百十六個《こ》もならんでいます。となりあった数字どうしをたして、答えを二つの数字の間の下に書きこんでいきます。くりあがりがあるときは、一の位の数字だけを書きます。

どんどん計算していって、一分たつと次の行に移《うつ》ります。これを十五分間続けます。ここで五分間の休けいをはさんで、また十五分間計算を続けるというものです。

そして、計算の速さや正確《せいかく》さが一分ごとにどう変わっていくかで、人の性格《せいかく》や、どんな仕事に向いているかを調べるのです。

24〜25ページに検査の一部をのせてありますので、やってみてください。

とても単純《たんじゅん》な計算ですね。でも、これを長い時間続けるのは、たいへんです。算数や数学が好きで、得意だったわたしでも、このテストだけは、もう、いやで、いやで、

「こんなものを、三十分間もやらされたら、たまらない」

と、いつも思っていました。

ですからわたしは、絶対《ぜったい》にコンピュータゲームをしているときのほうが、脳は活発に働いているという結果が出てくるにちがいない、と思っていました。みなさんも、そう思い

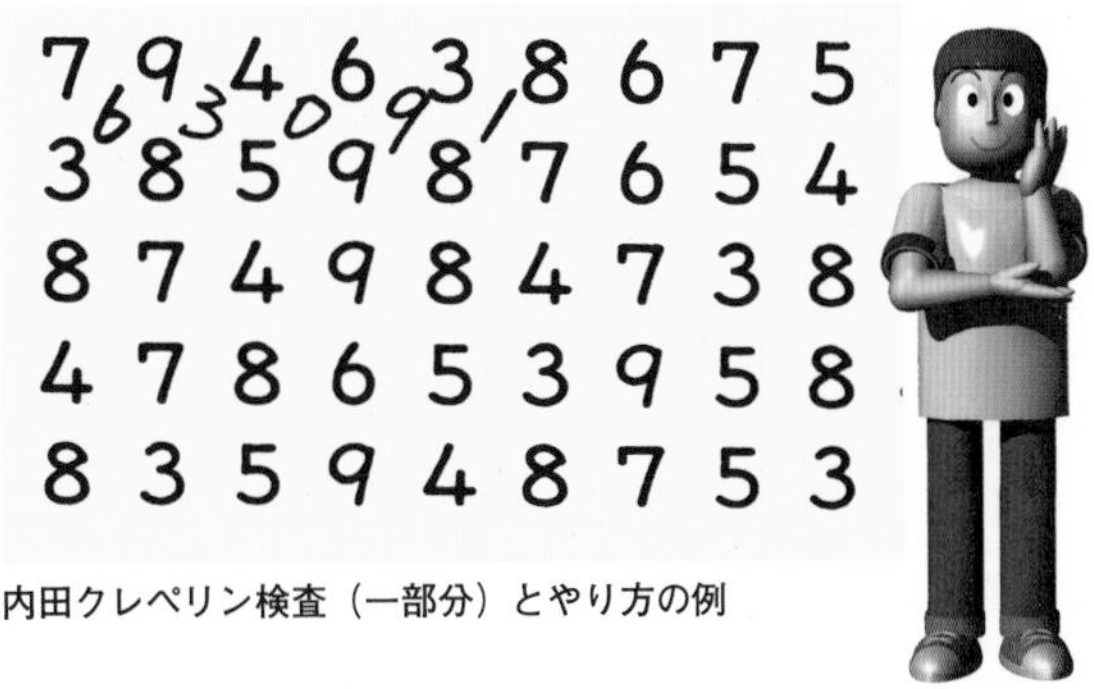

内田クレペリン検査（一部分）とやり方の例

ませんか?

さて、わたしがおこなった、実験結果を報告《ほうこく》しましょう。

この実験には、ポジトロンＣＴ《シーティー》という、最新の機械を使いました。下の写真のような箱型の機械です。ここに、上を向いてねた状態《じょうたい》になり、いろいろなことをやると、そのときに脳《のう》がどのように活動しているかを、調べることができます。

そして左の脳の図が、わたしの後輩《こうはい》の大学生五人を使って実験した結果です。

脳を、首に近い下のほうからてっぺんのほうへと、横にすぱっ、すぱっとうすく切っていき、それを上の段《だん》の左から順に、下の段の右へとならべてあ

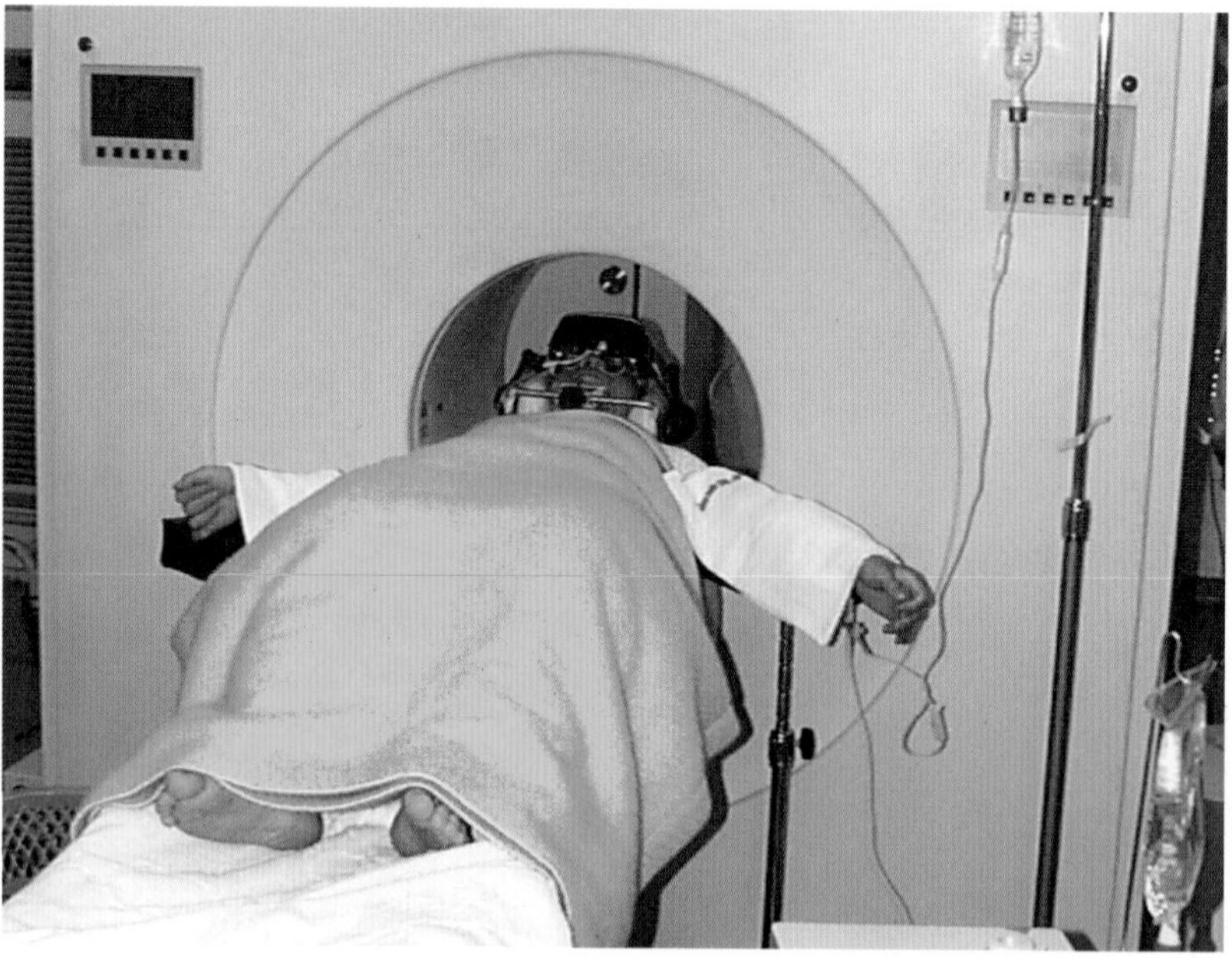

脳の働きを調べる機械「ポジトロンＣＴ」

コンピュータゲームをしているとき

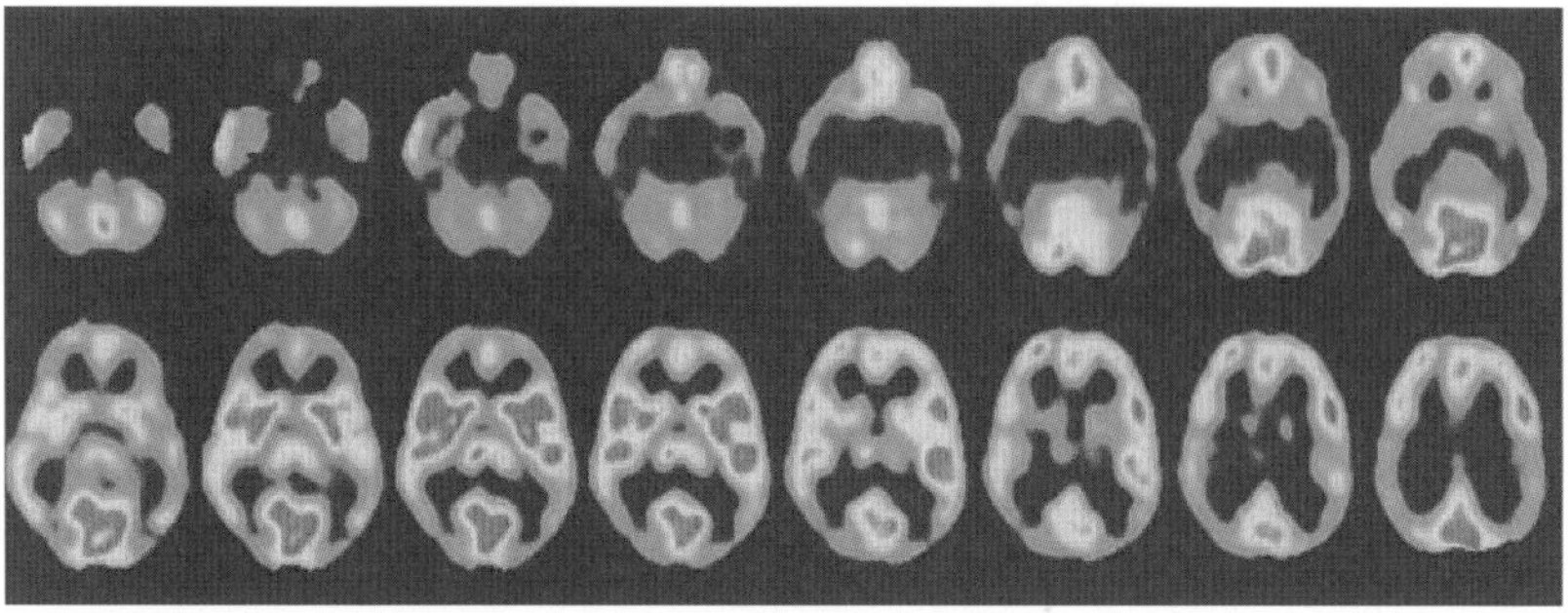

クレペリン検査をしているとき

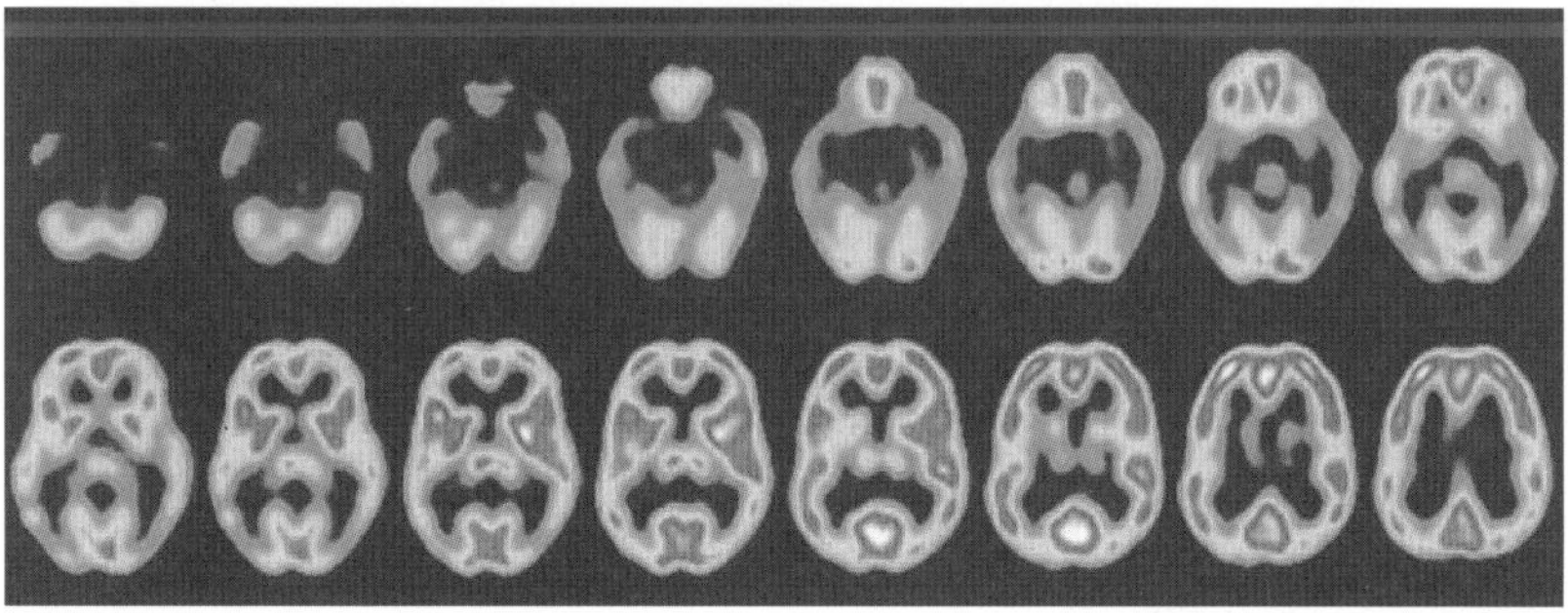

ります。断面《だんめん》の上がおでこ側、下が後頭部になります。もちろん、実際《じっさい》に切るのではありません。最新の機械を使うと、生きている人間の脳をこんなふうにして見ることができます。

もっとわかりやすくするために、18ページの図では、脳の立体図にはめこんであります。脳を切った位置は、左の図から順に、おでこのあたり、目のあたり、耳のあたりになります。

さて、緑、黄、赤、白の色がついているところは、みなさんが食べたごはんがエネル

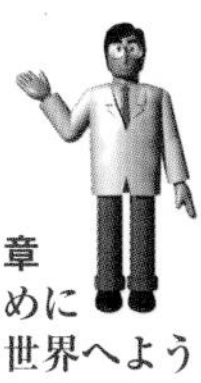

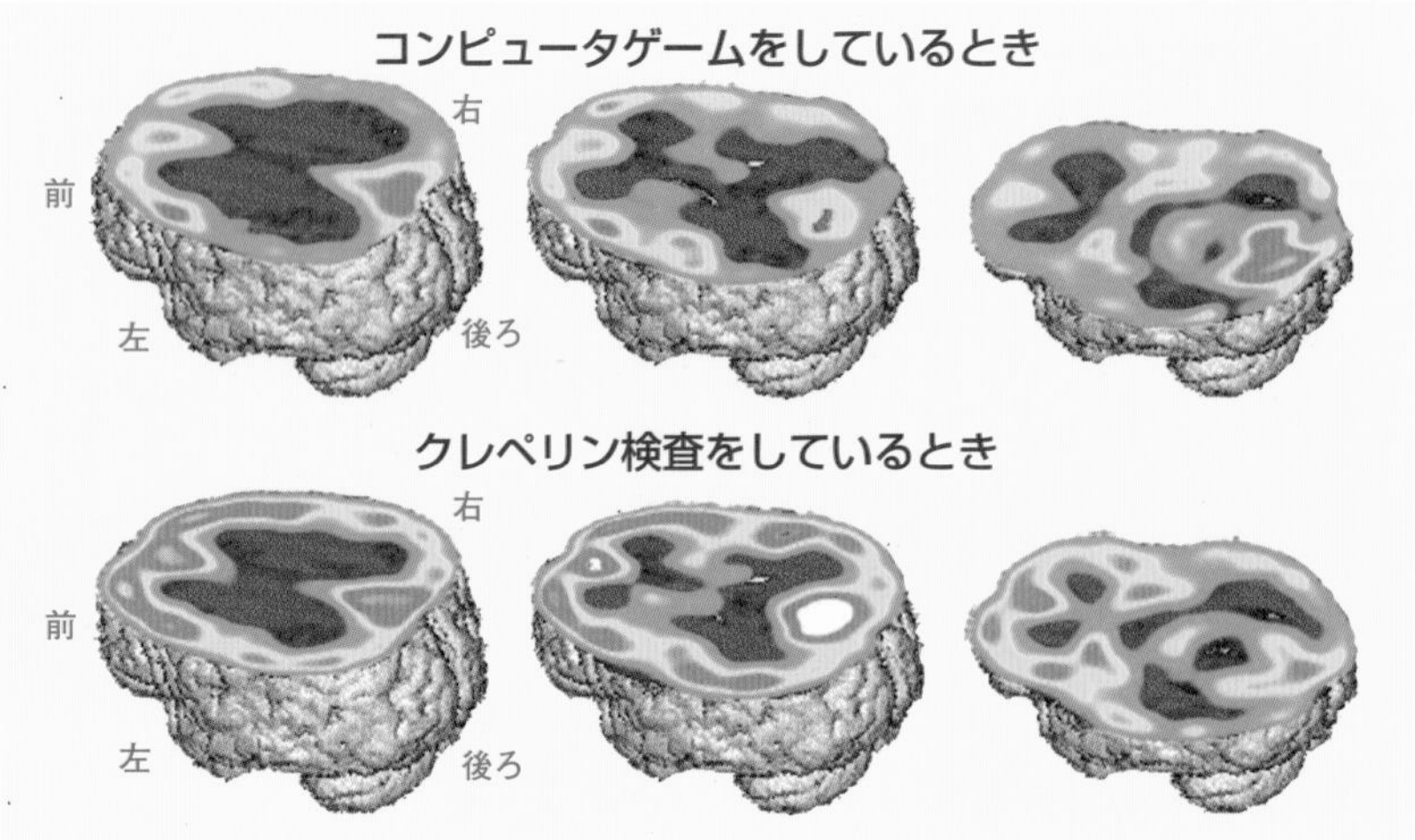

ギーとして使われていることを示《しめ》しています。白いところや赤いところは、そのなかでもエネルギーをたくさん使って、脳《のう》が活発に働いている場所です。

コンピュータゲームをしているときと、計算をしているときの脳では、どちらが活発に働いていますか？

一目でわかりますね。わたしは、この図を見て、とってもおどろきました。楽しいはずのコンピュータゲームよりも、一けたのたし算みたいな、とても単純《たんじゅん》なことが、わたしたちの脳をいっぱい働かせているのです。わたしの予想は、ものの見事に裏切《うらぎ》られました。せっかくの実験結果をコンピュータゲーム会社に売りこめなくて、がっかりしました。

「信じられない。こんなことって、あるのだろうか？　実験の結果は、まちがっていないだろうか?」

しかし、ちがう機械を使った実験でも、この結果が正しいということを確《たし》かめることができたのです。

脳《のう》の世界へのとびらをあけよう

脳の働きを調べる機械には、もう一つ、f《エフ》MRI《エムアールアイ》というものがあります。この機械では、脳の形を調べて立体図をつくり、脳が活発に働いている場所に色をつけることができます。

この機械を使って、読者のみなさんと年齢《ねんれい》が近い中学一年生が、一けたのたし算をしているときの脳を調べたのが、次のページの図です。脳が活動している場所には、赤い色がついています。

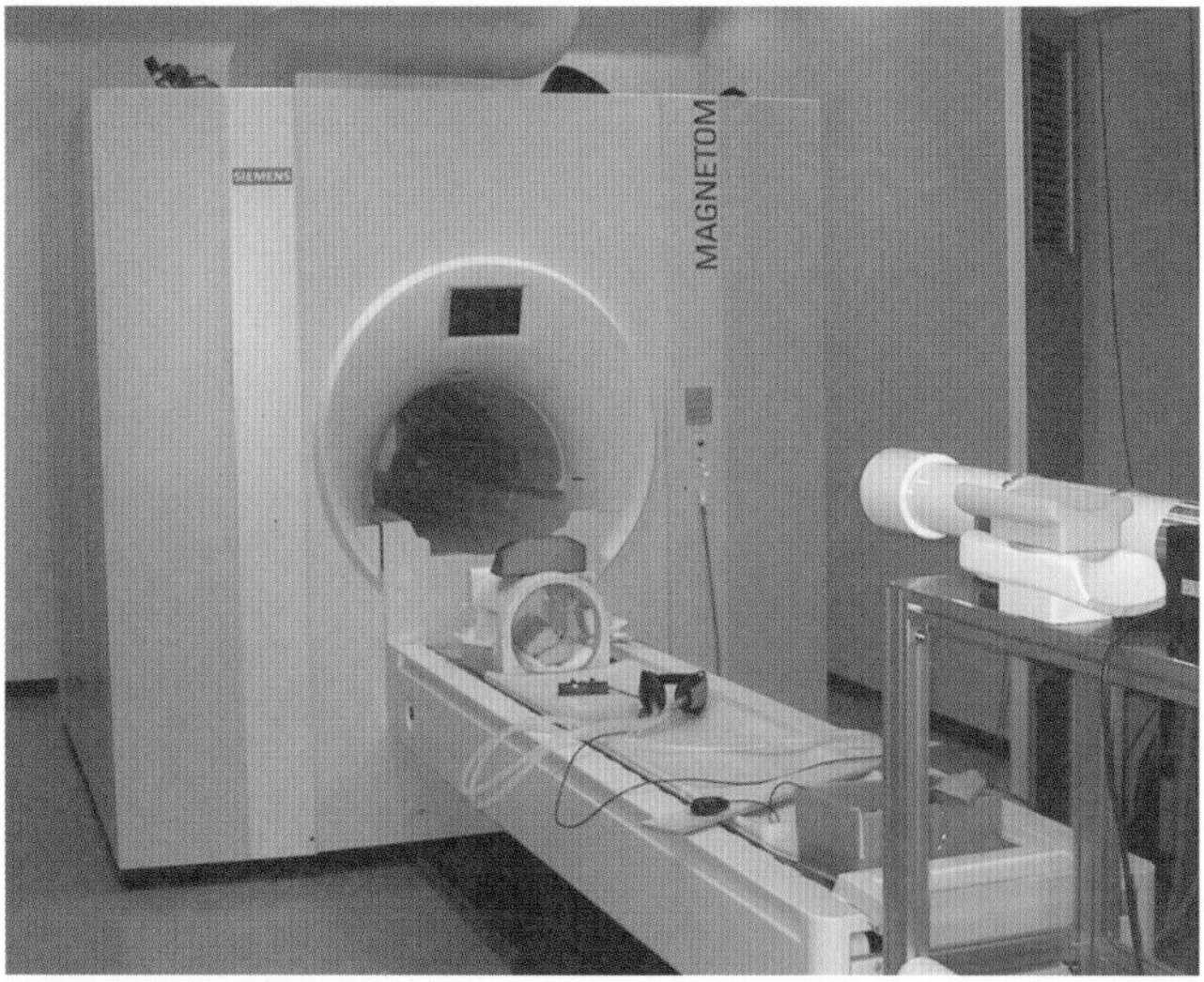

脳の働きを調べる機械「fMRI」

大学生と同じように、中学一年生の場合も、簡単《かんたん》な計算で、やはり脳《のう》のいろいろな場所が活動していることがわかりますね。

ところで、ここまで読んできて、

「脳のいろいろな場所が活発に働くことが、なにに、どういいのだろう?」

と、思った人はいませんか?

わたしは先ほど、「コンピュータゲームは、脳を活発に働かせるにちがいない。だから、その実験結果を提《てい》出《しゅつ》して、ゲーム会社の人によろこんでもらおう……」といったことを書きました。しかし、その予想は裏切《うらぎ》られ、クレペリン検査《けんさ》のような単純《たんじゅん》な計算のほうが、むしろ脳を活発に動かすことがわかりました。

じつはそれが、わたしがこの本で、みなさんにお伝えしていきたい大切なことの一つなのです。

わかりやすい例を出してみましょう。

みなさんが毎日ランニングをして足を活発に動かす

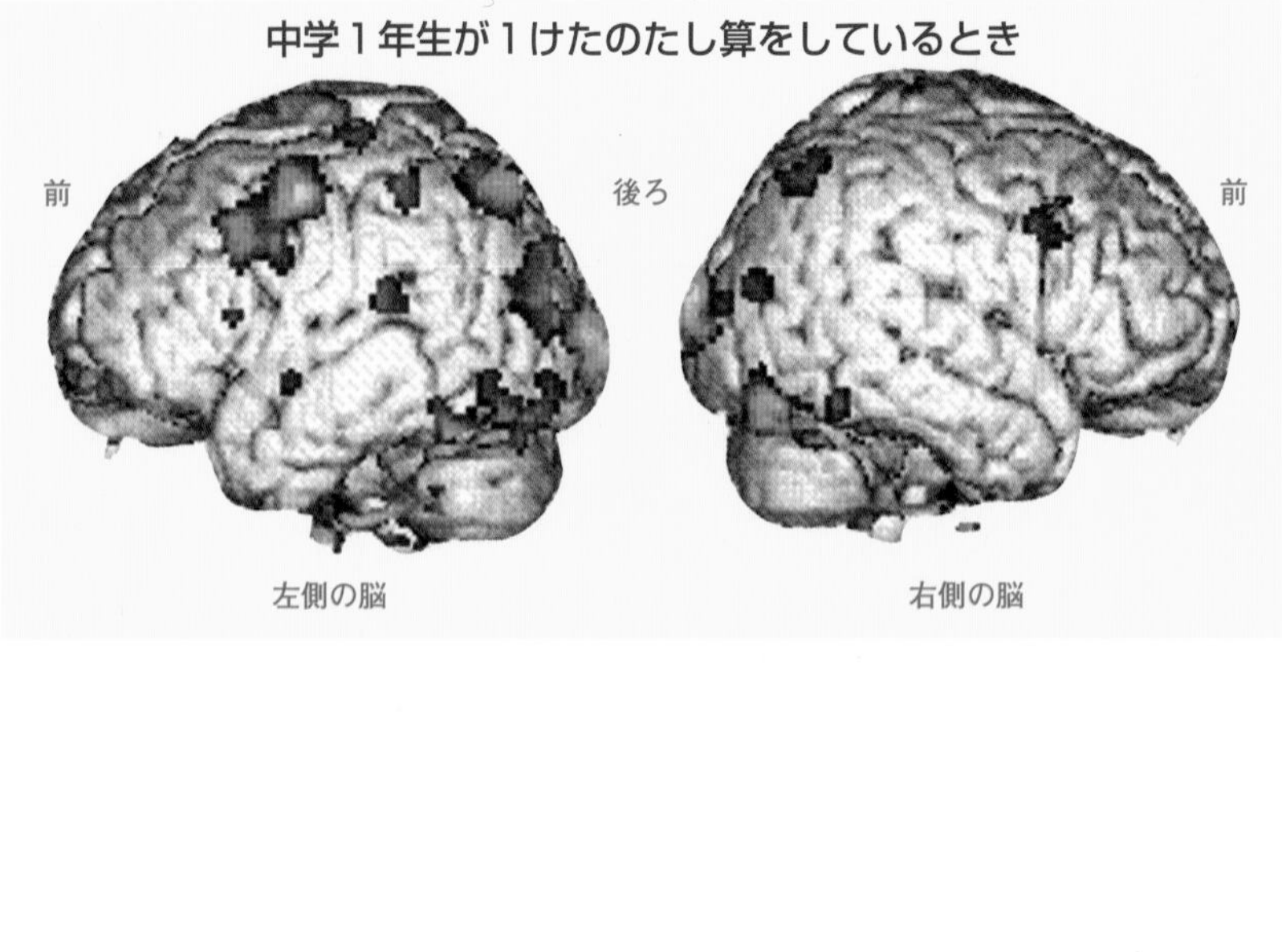

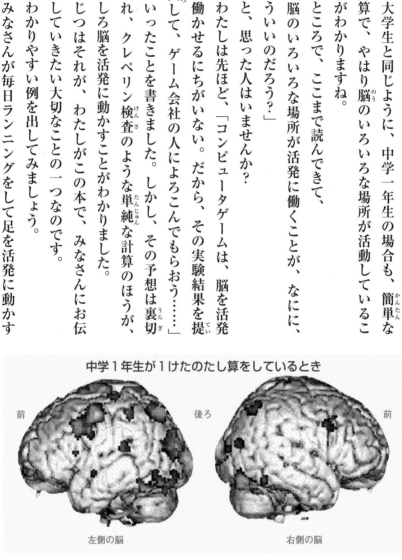

と、足の筋肉《きんにく》が太くなります。毎日うで立てふせをしてうでを活発に動かすと、うでの筋肉が太くてたくましくなると、大きな力を出すことができます。すると、いろいろなスポーツ競技《きょうぎ》が、じょうずにできるようになりますね。

脳も、手足の筋肉とまったく同じです。毎日、ランニングするのと同じように、計算問題を解《と》きつづけると、脳のいろいろな場所が活発に働くようになります。すると、脳のいろいろな場所がきたえられます。たくましい脳になると、脳をうまく使うことができて、いろいろな、もっとむずかしい問題を解くときも、じょうずに解けるようになるのです。

脳が活発に働くと、脳がきたえられ、そしてたくましい脳になる、ということがわかりましたか?

さてこれから、わたしが実際《じっさい》に手がけてきた最先端《さいせんたん》の研究を、みなさんにお話ししていきます。

最先端の研究、といっても、なにもむずかしいことはありません。たとえば、次のようなことを、解きあかしていきます。

本を読んだり、音楽をきいたり、算数の文章題を解いたり、体を動かしたりするときに、脳がどのように活動しているのか?

たくましくて、よりよい脳《のう》をつくるための勉強法はあるのか？

指先の細かい運動で、頭がよくなるっていうが、それはほんとうか？

好ききらいの気持ちは、脳のどこから出てくるのか？

そして、これらのことをお話ししながら、みなさんがふだんから感じているだろうと思われる、脳に関する疑問《ぎもん》やなぞについても、わかりやすく説明していきます。

では、わたしや、わたしの仲間たちが開いた、脳の世界へのとびらを、いっしょにあけて、のぞいてみましょう。脳のふしぎやひみつが、見えてきますよ。

脳《のう》のことを、もう少しくわしく知るために①

右側の脳《のう》、左側の脳《のう》

この章でお見せした脳《のう》の図の中で、「右側の脳」「左側の脳」ということばが使われていたことに気づいて、「あれっ!?」と思った人もいるのではないでしょうか。

そうです、わたしたちの脳は、目や耳、手、足と同じように、右脳《うのう》と左脳《さのう》の二つあるのです。みなさんの体の中でも、呼吸《こきゅう》をする肺《はい》や、おしっこをつくる腎臓《じんぞう》は二つあります。でも、どうして二つあるのかは、じつはよくわかっていません。これは、脳や体のふしぎの一つです。

そして、脳以外の目や耳などは左右とも同じ働きをしていますが、どうやら右脳と左脳は、ちがう仕事をしているようです。

たとえば、ふつう、右手を使うのが得意な右利《き》きの人では、「左脳」はことばを理解《りかい》したり、しゃべるための脳だと考えられています。いっぽう「右脳」は、ことばを使わないで、顔の表情《ひょうじょう》やしぐさを使うコミュニケーションを理解するための脳なのではないか、ということが、わたしの最近の研究からわかってきました（くわしくは、108ページを見てください）。

また、病気になって、片側《かたがわ》の脳の働きがとまってしまったり、うまく働かなくなってしまった人では、元気な反対側の脳がその分まで、たくさん働きだすことがある、ということも知られています。ですから、ふだんは右脳には右脳の仕事が、左脳には左脳の仕事がありますが、いざというときには、左右たがいの分まで働く力をもっているのですね。

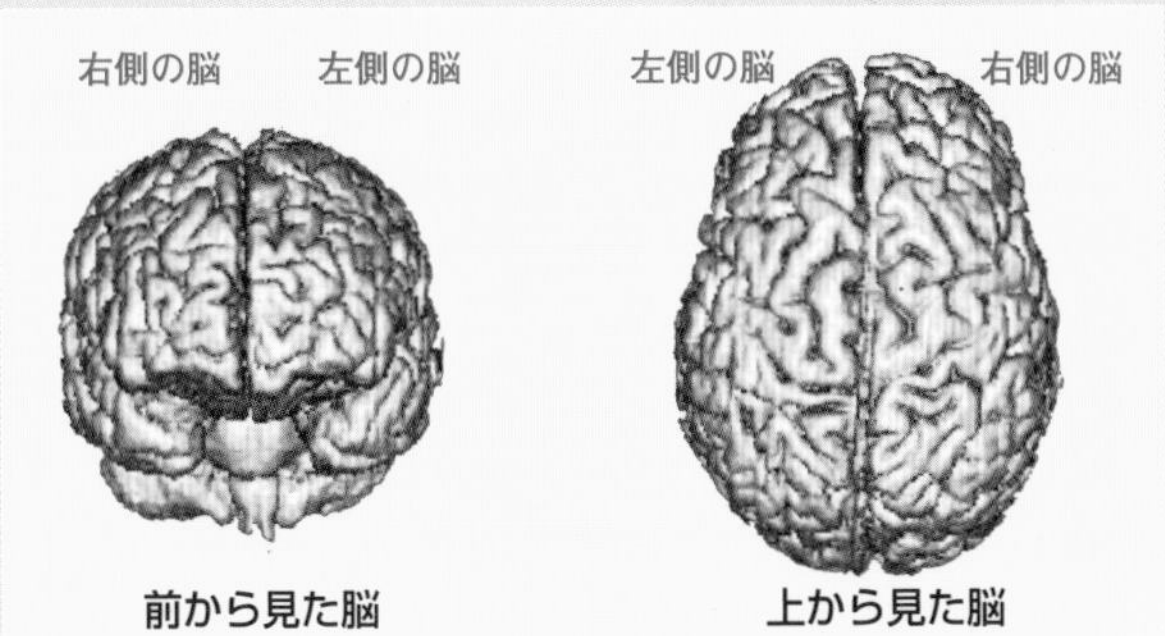

前から見た脳　　上から見た脳

●やり方

1．15ページの例を参考に、となりあった数字どうしを、左から右へたしていってください。10の位へくりあがるときは、1の位の数字が答えになります。実際の検査用紙には、数字が１行に116個《こ》ならんでいますが、ここでは49個までならべてあります。

2．検査のときは、数字の間の下に答えを書きますが、ここでは、声に出して答えてください。

3．検査では1分たつと次の行へと進みますが、ここでは1行が終わったら、次の行へと進んでください。

8	7	5	4	6	9	3	5	7	6	3	8	9	4	8	3	6	7	8	6	5	4	9
3	8	4	9	7	6	5	4	8	7	4	3	9	6	8	4	6	5	8	7	6	4	7
5	9	7	5	3	8	7	4	6	7	9	6	3	7	5	8	7	6	4	8	5	9	7
4	5	9	7	6	4	8	7	5	6	8	3	7	6	3	9	5	8	7	3	8	4	6
7	3	6	8	7	6	5	8	4	6	7	9	3	7	5	8	7	6	4	9	6	8	5
8	5	7	3	9	7	4	8	3	5	6	8	7	6	3	8	9	4	6	7	5	6	8
8	6	5	8	3	6	9	4	7	6	8	5	3	9	6	4	8	7	5	6	3	8	6
9	5	6	3	8	7	6	4	8	6	5	4	7	8	4	9	7	5	3	8	9	4	5
3	8	4	7	9	3	6	7	8	5	6	9	7	4	8	7	3	8	5	9	3	4	7
8	3	7	9	3	5	7	8	5	4	6	8	9	4	8	3	5	9	8	4	3	8	5
9	5	8	3	4	7	5	6	4	8	9	3	8	6	7	3	6	9	4	7	6	8	3
4	9	8	5	9	6	3	8	6	5	8	7	6	4	3	9	7	4	6	8	7	3	8
8	4	3	9	6	7	4	8	7	5	6	8	5	3	9	5	7	8	3	6	9	7	5
9	4	7	3	8	5	7	8	3	7	6	9	5	6	4	5	8	7	3	9	6	5	3
6	7	9	5	3	4	8	7	6	9	3	5	6	8	4	3	8	6	9	5	7	4	6
5	8	7	3	9	7	4	3	7	5	8	9	4	6	8	5	7	8	4	5	3	7	9
5	3	4	7	8	5	9	4	5	6	8	7	6	3	8	4	9	8	3	6	7	8	5

協力：株式会社日本·精神技術研究所

やってみよう①

このページでは、わたしがやった実験を、みなさんも実際《じっさい》に試してみることができます。機械で調べることはできませんが、みなさんの脳《のう》も、17ページや18ページ、20ページの図のように活動しています。

実験—内田《うちだ》クレペリン検査《けんさ》

	5	7	8	6	5	4	9	6	8	5	3	4	8	9	4	7	3	5	8	7	6	9	3
➡	6	5	4	7	8	6	3	8	4	9	7	4	6	8	7	6	5	3	9	8	3	6	7
	9	7	6	8	4	5	7	9	3	8	4	7	6	5	3	8	6	9	4	6	8	5	4
	8	3	4	7	6	9	5	3	8	7	4	5	8	9	4	8	5	7	3	9	6	3	8
	8	7	5	9	4	3	5	7	8	6	5	7	3	8	6	9	5	6	4	7	6	5	3
	7	4	8	9	5	4	7	8	6	3	8	5	9	6	4	8	7	5	8	3	7	6	9
	9	6	8	5	3	8	4	9	7	5	4	8	9	3	6	7	8	5	7	6	3	8	7
	5	9	6	3	8	4	6	5	8	7	5	9	6	8	5	4	7	3	9	8	6	7	4
	3	5	8	7	6	8	9	4	6	7	4	3	8	5	7	9	6	4	7	6	8	3	7
	6	3	8	6	9	5	4	7	8	3	6	8	4	9	7	5	3	8	7	4	3	9	6
	4	9	3	8	7	3	5	9	6	8	4	6	5	7	8	6	7	4	9	3	5	6	8
	7	6	8	7	3	8	5	6	9	3	4	7	8	6	4	8	7	5	8	9	4	3	8
	8	7	5	3	8	6	9	3	6	8	5	6	4	9	6	7	5	4	8	3	7	9	4
	8	4	9	7	6	4	8	7	5	4	7	8	6	5	7	3	6	8	9	3	5	8	7
	3	7	5	8	9	3	6	7	4	9	8	5	7	3	9	6	4	8	7	5	6	9	4
	5	6	8	7	5	3	8	4	9	6	7	8	6	5	4	7	6	9	4	5	7	8	9
	7	3	8	6	7	4	9	8	5	7	3	8	9	4	6	8	3	5	9	7	4	3	8

第2章

読むときや聞くとき、脳《のう》の中で、なにが起きている？

みなさんは、毎日、教科書や本を読んだり、友だちの声を聞いたりしていますね。そんなとき、脳《のう》は、どのように働いているのでしょう?

「えっ、字を読めるのは目が、声を聞くことができるのは耳が働いているからでしょう」なんて、思っていませんか。

じつは、わたしたちが見たり、聞いたりできるのも、脳の働きによるものなのです。

目は、カメラと同じ働きをしているだけです。目のレンズをとおして、おくにある網膜《もうまく》とよばれるフィルムに、目にしたものをうつしています。

でも、うつったものが「文字」なのか、「物」なのか、「なに色」か、

「だれの顔」か、などを調べるのは、脳の働きです。

耳は、音を集め、頭のおくまで伝えますが、その音が「ことば」なのか、「物の音」なのか、「音楽」なのか、などを調べるのは、やはり脳の働きなのです。

そこで、わたしは、読むときや聞くとき、実際《じっさい》に脳がどのように働いているのかが知りたくて、自分自身を実験台にして、調べてみました。

この章でお見せするのは、すべてわたしの脳です。なんだか、服をぬがされているようですが、思いきって、わたしの脳を丸はだかにしていきます。

文章を読む

まず、日本人であるわたしが、日本語で書かれた文章と、英語で書かれた文章を読むときに、脳がどのように活動するのかをみていきましょう。

読者のみなさんも、英語を勉強する機会が、これからますます増《ふ》えていきますね。なぜ英語かというと、世界のちがうことばを使っている人どうしが、考えていることや気持ちを伝えあうときに、共通のことばとして使われているからです。

だから、「学校で習うから、しょうがなく」とか、「テストでいい点をとるため」とかではなく、〝ことばは、考えや気持ちを伝えあう大切な道具〟であることを忘《わす》れずに、英

語を学んでください。

さて、実験で読む文章には、世界の動きについて、新聞社の人が日本語と英語で書いたものを選びました。とくに、英語の文章は、むずかしくて、わかりにくいものです。

実験　日本人が、日本語の文章と英語の文章を、声を出さずに読む

そのときの脳《のう》のようすが、左の図です。活発に働いているところに、赤い色をつけてあります。右側の脳も、左側の脳も、いろいろな部分が活動していることがわかりますね。この本を読んでいるあなたの脳も、今、頭の中で同じように働いているのですよ。

順に説明していきましょう。文章を読むときは、まず〈目にしたものが、なんであるかを調べる場所〉の働きで、〝これは文字だな〟とわかります。次に〈目を動かす指示《しじ》をする場所〉が働き、文字を目で追っていきます。そして、〈ことばの意味を理解《りかい》しようとするときに働く場所〉の活動で、どんなことが書いてあるのかがわかるのです。

ここでおもしろいのは、〈耳から入った音が、なんの音かを調べる場所〉も働いていることです。声を出していないのに、なぜでしょう？　それは、〝心の中で、声に出して読んでいる〟からです。

そして、**〈ものごとを考えたり、覚えたりするときに働く場所〉も活動していますね。**

ここは、脳の中でも、もっとも大切な場所です。

では、日本人が日本語を読むときと、外国語である英語を読むときの、脳の活動のちがいは、どこなのでしょう。

まず、どちらも働いている脳の部分は、だいたい同じですね。日本語でも英語でも、右側と左側の脳をたくさん使っています。よく「日本語は左側の脳を、英語は右側を使う」などといわれたりしていますが、そんなにわたしたちの脳は単純《たんじゅん》ではないのです。

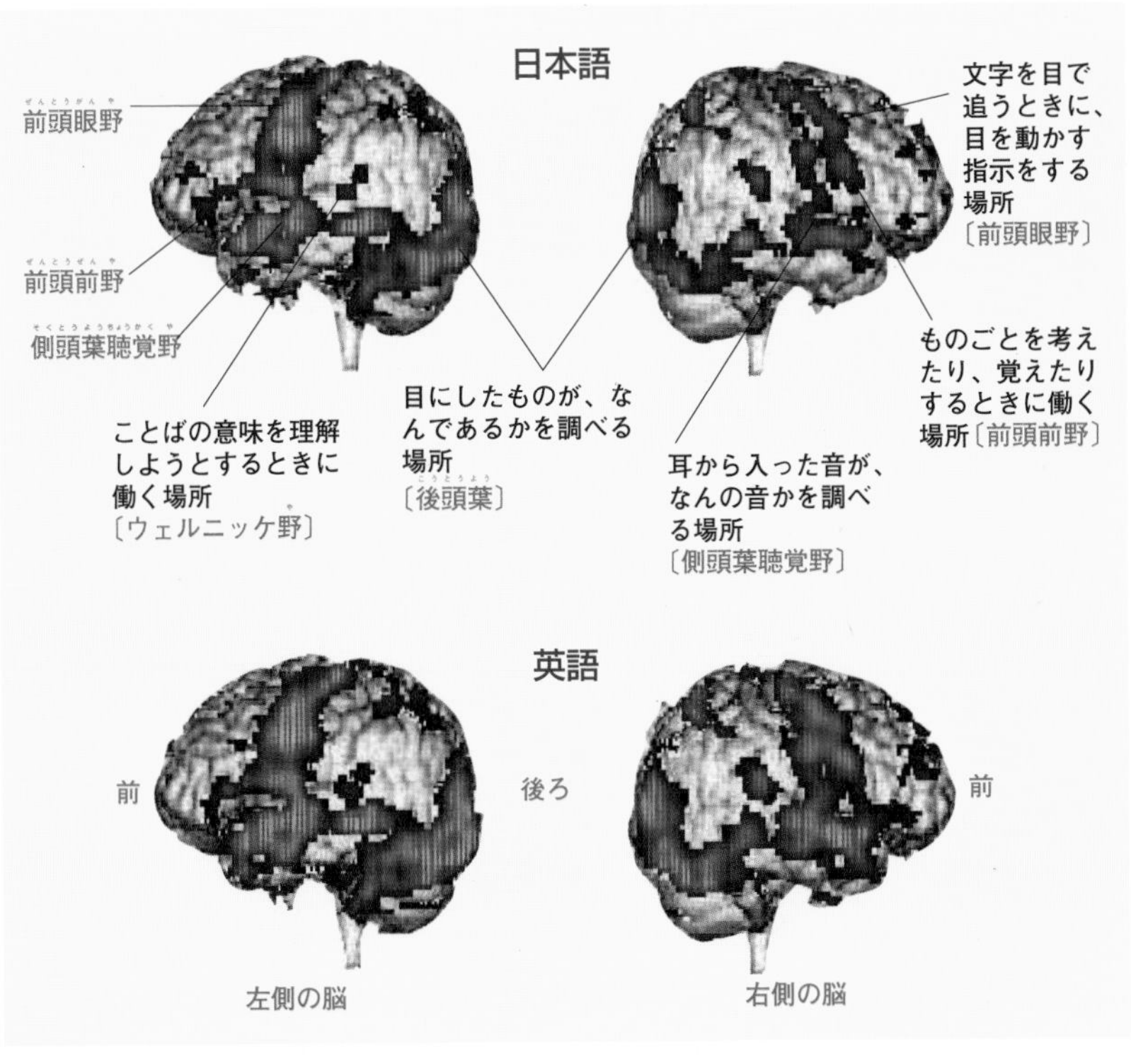

日本語
前頭眼野《ぜんとうがんや》
前頭前野《ぜんとうぜんや》
側頭葉聴覚野《そくとうようちょうかくや》
ことばの意味を理解しようとするときに働く場所〔ウェルニッケ野《や》〕
目にしたものが、なんであるかを調べる場所〔後頭葉《こうとうよう》〕
文字を目で追うときに、目を動かす指示をする場所〔前頭眼野〕
ものごとを考えたり、覚えたりするときに働く場所〔前頭前野〕
耳から入った音が、なんの音かを調べる場所〔側頭葉聴覚野〕
英語
前
後ろ
前
左側の脳
右側の脳

そして、英語を読むときのほうが、活動している部分が広いことがわかりますね。とくに右側は、日本語を読むときよりも、よく活動しています。つまり、英語のほうが、頭をたくさん使っているのです。

日本語はすらすら読めるけれど、英語となると、ふだんから英語で書かれた本や論文《ろんぶん》を読んでいるわたしでも、そうはいきません。どうしても、ことばの意味や、文のしくみを考えたりしながら読んでいきます。

ですから、英語を読むほうが脳《のう》をたくさん使うことにも、うなずけますね。

では、声に出して文章を読んだときは、どうなのでしょう。

実験　日本人が、日本語の文章と英語の文章を、声に出して読む

そのときの脳のようすが、左の図です。声を出さずに読んだときと、だいたい同じ場所が働いていますが、全体的に広くなっていることがわかります。

とくに、ものごとを考えたり、覚えたりするときに働く場所や、ことばの意味を理解《りかい》しようとするときに働く場所が、よりたくさん働いています。

わたしはこれまでの研究や実験で、いろいろな行動をするときに、脳がどのように活動するのかを調べてきましたが、今までのところ、「**文章を声に出して読む**」ときに、**脳**

がいちばん活発に働いていました。

この結果に、わたしはたいへんおどろきました。

みなさんは、学校の授業《じゅぎょう》や宿題で、教科書を声に出して読むということが多いですよね。そんなことから、わたしも音読の大切さはなんとなくわかってはいましたが、これほどまで、脳のいろいろな場所が活動するとは、思ってもみませんでした。

さて、ここまでの二つの実験で、文章を読むことに

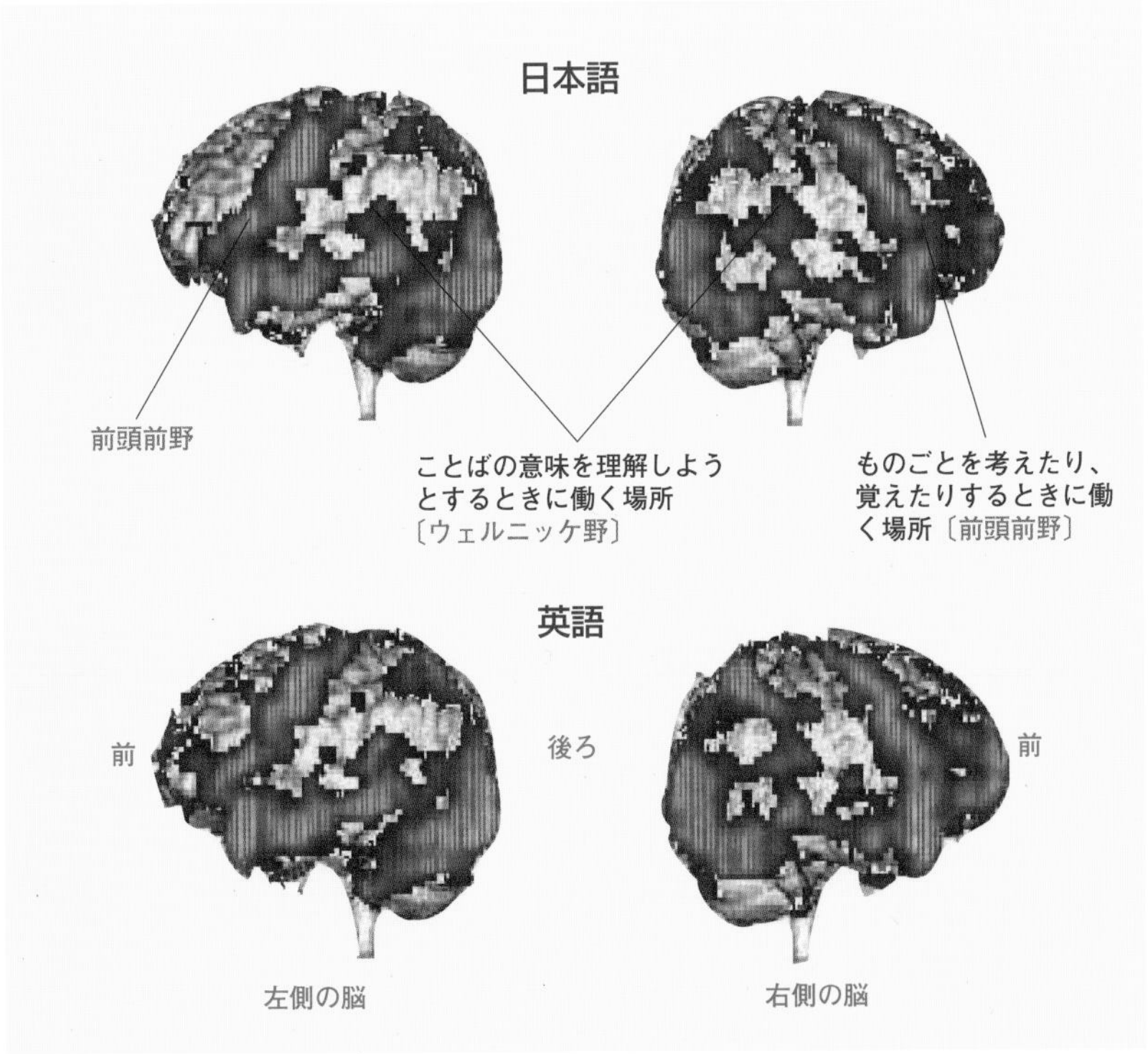

日本語
前頭前野
ことばの意味を理解しようとするときに働く場所〔ウェルニッケ野〕
ものごとを考えたり、覚えたりするときに働く場所〔前頭前野〕
英語
前
後ろ
前
左側の脳
右側の脳

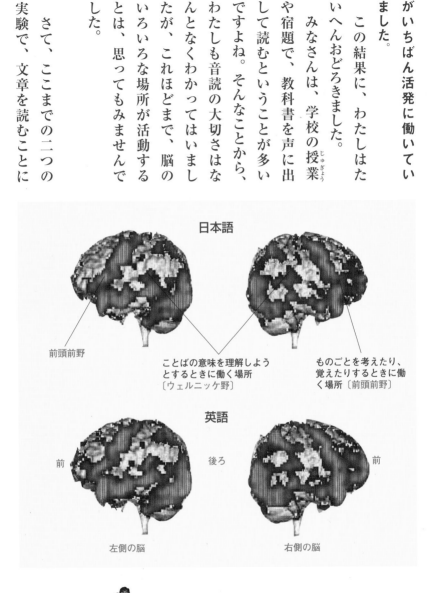

よって脳《のう》が活発に働くことがわかりました。つまり、読書、とくに音読は、脳をきたえ、たくましくしていくことに、たいへん役立つことが、科学的に証明《しょうめい》されました。

もしかしたら、お父さんやお母さん、学校の先生が、「本を読みなさい」とうるさくいうのも、わたしたち人間が、昔から、文章を読むことの大切さに、なんとなく気づいていたためかもしれません。

どうです、みなさんも、「読書や音読なんてめんどうで、きらいだ」なんてばかり思わないで、少しずつでもいいから、毎日、本を読む習慣《しゅうかん》をつけてみませんか。字をしっかり読んでいくなら、まんがでもかまわないと、わたしは思います。

「それじゃあ、テレビやコンピューターゲームの画面の字を読むのでもいいのでしょう」という、みなさんのよろこびの声が聞こえてきそうです。

でも、それはよくありません。

なぜなら、本とちがって、テレビやゲームからは、ものすごい量の映像《えいぞう》といろいろな音が流れてくるからです。まだ実験で確《たし》かめていませんが、おそらく、文章を読むことより、目にしたものがなにかを調べたり、なんの音かを調べることのほうに、脳のパワーが集中的にたくさん使われていると思います。本を読むときのように脳が活動することは、どうにも期待できません。

ですから、やはり読書をおすすめします。

じつは中学生のころ、わたしは勉強そっちのけで、よく本を読んでいました。わたしの部屋に両親の本だなが置いてあったので、勉強しているふりをして、そこにあった本を、手あたりしだいに読んでいったのです。ある作家がおもしろいぞ、となると、その人の文庫本を買いあさったりもしました。

そのわけは、わたしが、作家になりたいという夢《ゆめ》をもっていたからです。

そのころ、とても人気があったラジオの深夜番組で、わたしが送ったはがきを読んでもらいたくて、おもしろく、よい文章が書きたかった、ということが、そもそものきっかけなのですが……。目立ちたがり屋だったので、なんとか読んでもらおうと、必死でした。

残念なことに、実験で読書の大切さがわかった今は、研究がいそがしくて、わたしが読むのは新聞や、ほかの研究者が書いた論文《ろんぶん》くらいです。ゆっくりと好きな本を読む時間は、なかなかありません。

ところで、両親の本といえば、わたしの父が医学に関係のある分野で研究をしていたので、家の中には医学書が置いてありました。そんな本があることを自慢《じまん》したくて、友だちといっしょに、人の体を解剖《かいぼう》した写真や、体をたてに、ばさっと切ったような図を見ては、「へーっ、人の体はこうなっているんだ」とか、「体のしくみはおもしろいな」とか思っていました。

そのころはまだ、医学を学びたいという強い気持ちはありませんでした。でも、生物や物理が好きだったこともあって、自然と医学の道へ進んだのだと思います。

耳できく

次に、ことばを聞いているときの、脳《のう》の働きを調べてみましょう。

この実験では、外国の人が、日本語を学ぶためのテープ教材を使いました。簡単《かんたん》な日《にち》常《じょう》の会話で、たとえば「バス停はどこですか？」という日本語と、それを英語にしたWhere is the bus stop? ということばを日本人であるわたしが聞き、なにをいっているのかをわかろうとしているときの脳です。

実験　日本人が、日本語や英語の会話を聞く

日本語を聞いているときも、外国語である英語を聞いているときも、だいたい同じ場所が働いていますね。

しかし、日本語のときには、頭の後ろが、よく働いています。ここは、目にしたものがなにかを調べるところです。話に聞いた内容《ないよう》を〝頭の中に、思いうかべている〟ので

すね。

　この実験から、日本人が会話を聞くときは、日本語でも英語でも、両側の脳を使っていることがわかりました。読むときと同じで、「日本語は左側の脳、英語は右側」ということはありませんでした。

　そして、**このときも、ものごとを考えたり、覚えたりするときに働く場所が活動しています。**何度も出てくるこの場所は、いったいなんだろうと、そろそろ気になってきませんか？　そのひみつについては、もう

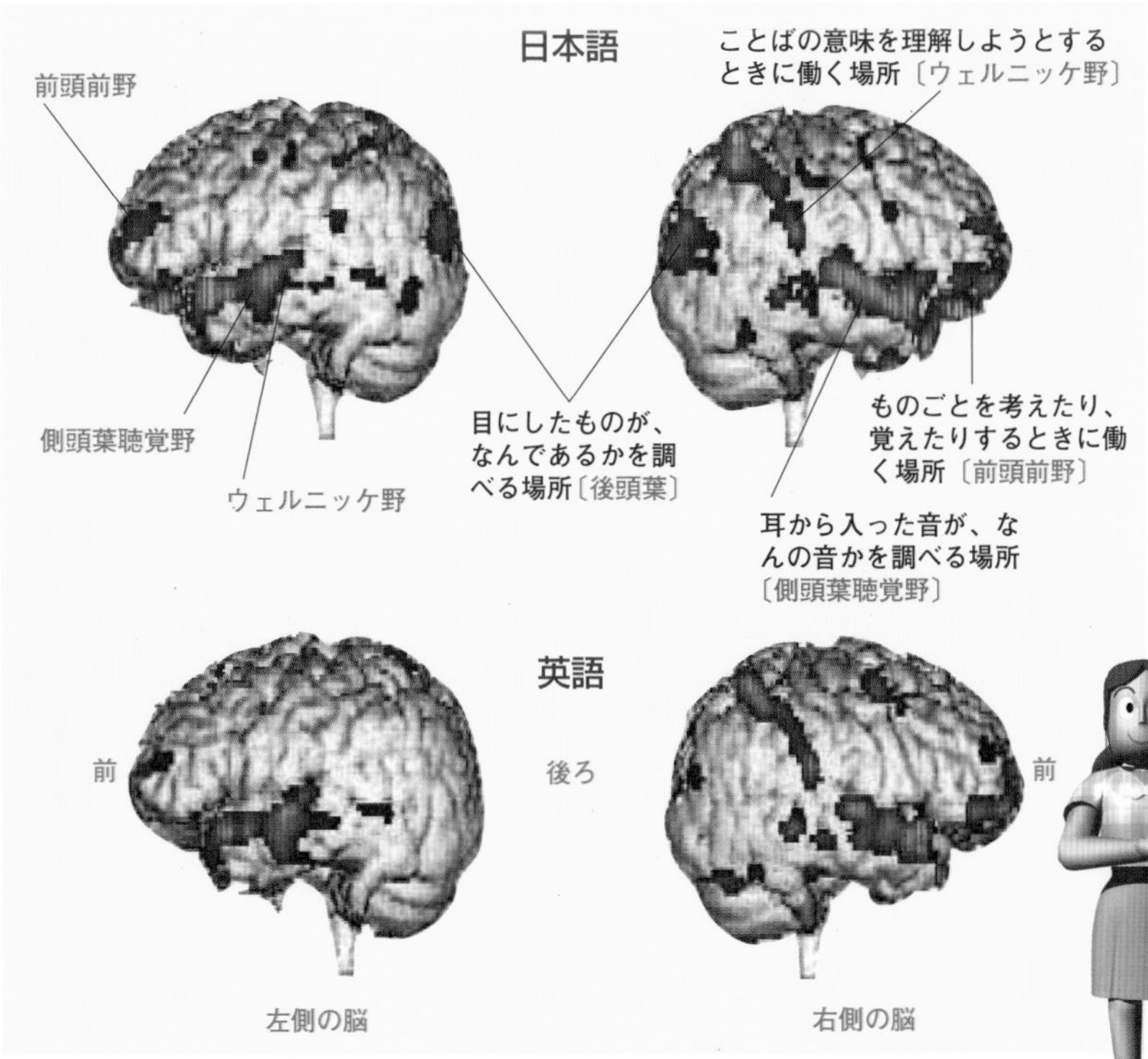
日本語
前頭前野
ことばの意味を理解しようとするときに働く場所〔ウェルニッケ野〕
側頭葉聴覚野
ウェルニッケ野
目にしたものが、なんであるかを調べる場所〔後頭葉〕
ものごとを考えたり、覚えたりするときに働く場所〔前頭前野〕
耳から入った音が、なんの音かを調べる場所〔側頭葉聴覚野〕
英語
前
後ろ
前
左側の脳
右側の脳

すぐお話しします。

ところで、耳できくものには、音楽もありますね。みなさんは、音楽をきいて、ゆったりとした気分になったことはありませんか？　ぎゃくに、興奮《こうふん》したり、かなしい気持ちになったりしたことはありませんか？

それでは、音楽をきいているとき、脳《のう》はどのように働いているのでしょう？　ことばを聞いているときとは、ちがうのでしょうか？

実験で使う音楽には、クラシック音楽とポップスを選びました。クラシック音楽には、歌詞《かし》、つまりことばがありません。いっぽうポップスには、歌手から、歌をきく人たちへ伝えたいメッセージが、歌詞にちりばめられていますね。歌詞のあるなしで、脳の活動はちがうのでしょうか？

実験　クラシック音楽や、ポップスをきく

ことばを聞くときとちがって、色のついている部分が、とても少ないですね。

音楽をきいているときは、脳の中の、耳に入ってきた音がなんの音かを調べる場所だけが、働いています。ほかの部分の活動がおさまるので、音楽をきくと心が休まったりするのでしょう。

そして、音楽のメロディーや音色をきこうとすると右側が、歌詞をきこうとすると左側が働きます。

このように、脳の多くの場所が働く〝会話を聞く〟ときとはちがって、〝音楽をきく〟ときは、なんの音かを調べる場所が集中的に働いていました。

ところで、みなさんの中には、音楽をかけながら勉強をしている人も多いことと思います。そしてこの実験の結果を見て、「勉強のために働く場所は使わないようだから、音楽をかけてもだいじょうぶだ」と、安心した人もいるのではないでしょうか。

たしかに、音楽には気分を落ちつかせる効果《こうか》もあるようですから、勉強をするふんいきづくりには、いいかもしれません。

しかし、歌詞をきいて、その意味を考えたり、口ずさんだりすると、脳のいろいろな

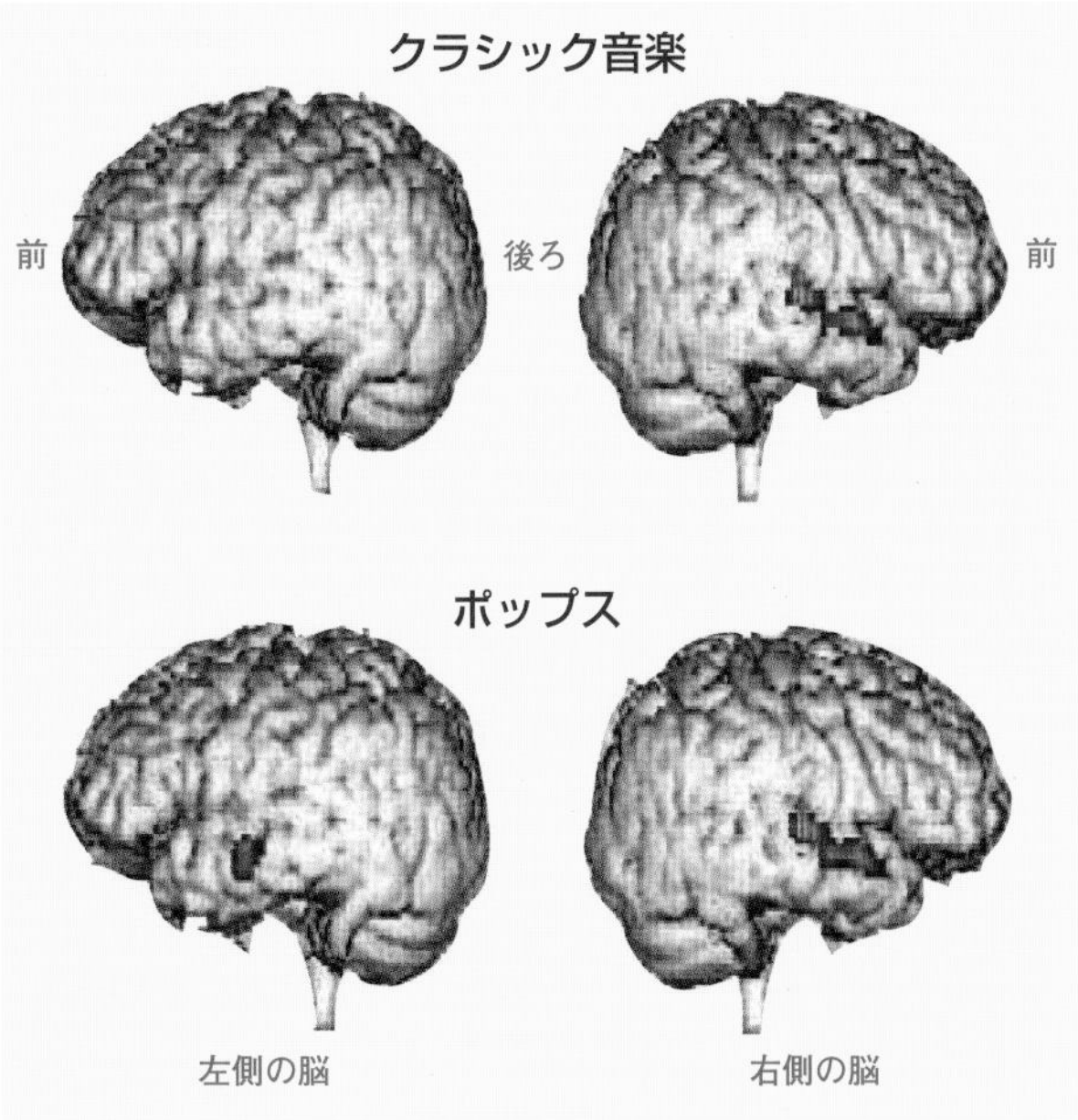

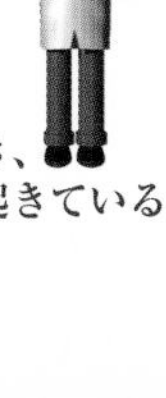

場所が活動してしまうことを考えると、やっぱり音楽をかけないほうがいいでしょう。

また、ラジオやテレビから会話が聞こえてきて、それを聞こうとすると、「日本人が、日本語や英語の会話を聞く」ときの実験（34ページ）でみたように、脳《のう》の多くの場所が働きます。その中には、勉強するときに使う場所もふくまれています。つまり、**勉強のための脳の活動をじゃますることになりますから、ラジオやテレビをつけながらの勉強は、やめたほうがいいでしょう。**

このことは、みなさんでも簡単《かんたん》にできる、次のような実験で確《たし》かめることができます。

〔やり方〕

①ストップウォッチか、秒まではかることができる時計を用意します。

②まず、「やってみよう③（60～61ページ）」にある、たし算、ひき算、かけ算から、それぞれ一列を選び、三列全四十五問を、答えを口に出して、できるだけはやく解《と》きましょう。かかった時間を友だちや、お父さん、お母さんにはかってもらいます。

③次に、テレビをつけます。テレビから聞こえてくることばがなにをいっているのかを、よく注意して聞きながら、もう一度、「やってみよう③」の同じ問題を解きます。できるだけはやく解いて、かかった時間をはかってもらいます。

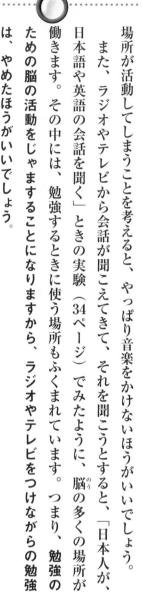

さあ、一回目とテレビをつけた二回目とでは、どちらがはやく解けましたか？ 同じ問題を解くので、二回目のほうがはやくできそうに思えますが、そうではなかった人が多くありませんか？

これが、テレビの音を聞くことが勉強のための脳の活動をじゃましている、ということなのです。

もし、二回目のほうがはやかった人がいたら、テレビでなにをいっていたのかを、思いだしてみてください。思いだせましたか？ テレビの音を、ちゃんと聞いていなかったことがわかりますね。このときは、計算をするために、テレビの音に注意が向かないよう、脳が働いたのです。

ちなみに、わたしはというと、論文《ろんぶん》を書いたりするときは、どんな音にも脳の活動がじゃまされないように、耳せんをしています。脳を集中して使えるので、とてもはかどりますよ。

脳《のう》の中でもっとも大切な場所

さて、日本語や英語を読んだり、聞いたりするときには、かならず脳の前のほうにある「ものごとを考えたり、覚えたりするときに働く場所」が活動していましたね。20ペ

ージでお見せした、中学一年生が一けたのたし算をしているときの脳《のう》でも、この場所が働いています。

　ちょうど、みなさんのおでこの後ろにある部分です。この場所を、脳の研究では「前頭前野《ぜんとうぜんや》」といいます。

　よく脳は、コンピュータにたとえられますが、**前頭前野は「コンピュータの中のコンピュータ」といえるほど、脳の中で、もっとも程度《ていど》が高い働きをする場所です。**

　前頭前野には、「ものごとを考える命令を出す」「ものごとを覚える命令を出す」「よろこびやいかり、かなしみなどの感情《かんじょう》をつくりだす」「自分から進んで、なにかをしようとする気持ちをつくりだす」など、いろいろな働きがあります。まるで、さまざまな命令を出す司令塔《しれいとう》のようですね。

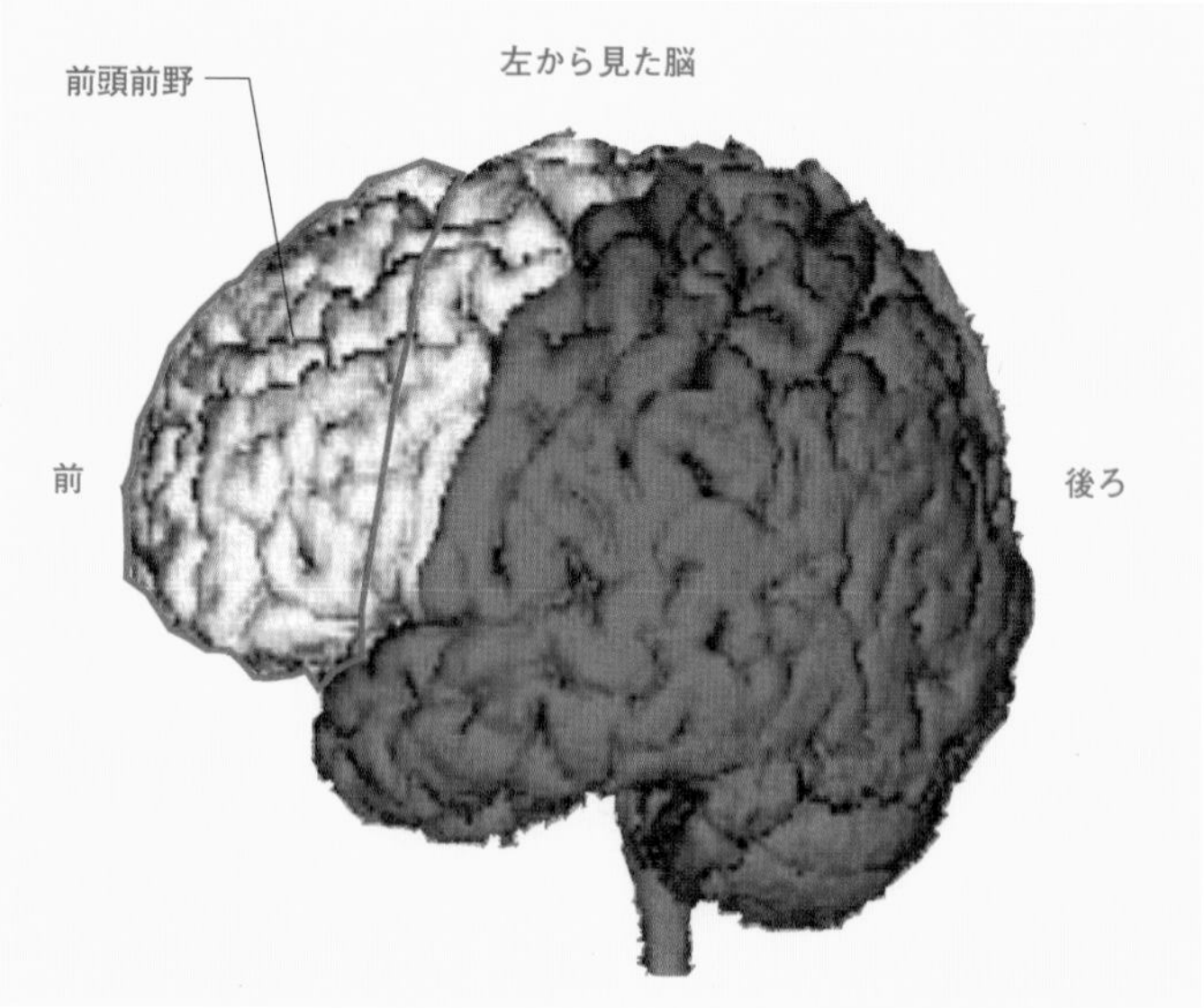

わたしたち人間は、サルなどのほかの動物とくらべて、前頭前野がひじょうに大きくて、よく発達しています。「ヒトが人であり、ほかの動物とちがうのは、この大きな前頭前野をもっているから」とも、いわれています。脳の中で、もっとも大切な場所、といってもいいでしょう。

ですから、**前頭前野を活発に働かせ、きたえるということは、わたしたちにとって、とてもだいじなことなのです。**この本の中では、このあとも、前頭前野ということばとその働きは、何度も出てきます。聞きなれないし、むずかしく感じるかもしれませんが、このことばだけは忘《わす》れないようにしておいてください。

第2章のまとめ

文章を読むこと

- 文章を読むときは、右側の脳《のう》も左側も、多くの場所が活動する。
- 脳の中でもっとも大切な、ものごとを考えたり、覚えたりするときに働く前頭前野《ぜんとうぜんや》も活動する。
- 文章が日本語でも英語（外国語）でも、左右両側の脳を使う。
- 声に出して音読するほうが、より多くの場所が働く。

耳できくこと

- 会話を聞くときは、右側の脳も左側も、多くの場所が活動する。
- 会話が日本語でも英語（外国語）でも、左右両側の脳を使う。
- 音楽をきくときは、なんの音かを調べる場所が、集中的に働く。

脳《のう》のことを、もう少しくわしく知るために②

人間の脳《のう》、動物の脳《のう》

ここにある図で、わたしたち人間の脳《のう》と、いろいろな動物の脳《のう》の大きさをくらべてみてください。

ネコやビーバー、アリクイ、小さなサルの仲間のリスザルなどは、とても小さな脳で、しわがほとんどなく、簡単《かんたん》な形をしていますね。わたしたち人間にいちばん近い仲間といわれているチンパンジーの脳も、人間の脳とくらべると小さくて、しわの数も多くありません。

そして、大きさ以外に、どこがちがっているでしょうか？　この章でお話ししたように、人間の脳は前頭前野《ぜんとうぜんや》がとても大きく、よく発達していることがわかりますね。

ところで、イルカの脳も大きいですね。じつは、人間の脳よりも少し大きくて、しわも多くあります。

だから、イルカはことばのようなものを使って、仲間どうしでしゃべることができます。もしかしたら、「人間は、わたしたちの住みかである海をよごす、とんでもない動物だ」と、いいあっているかもしれません。

また、みなさんが「自分は、自分だ。ほかの人とは、ちがう」と思っているように、イルカも一頭一頭が「自分は、自分だ。ほかのイルカとは、ちがう」と思っているかもしれません。

動物の脳の大きさくらべ　（　）は脳の重さ

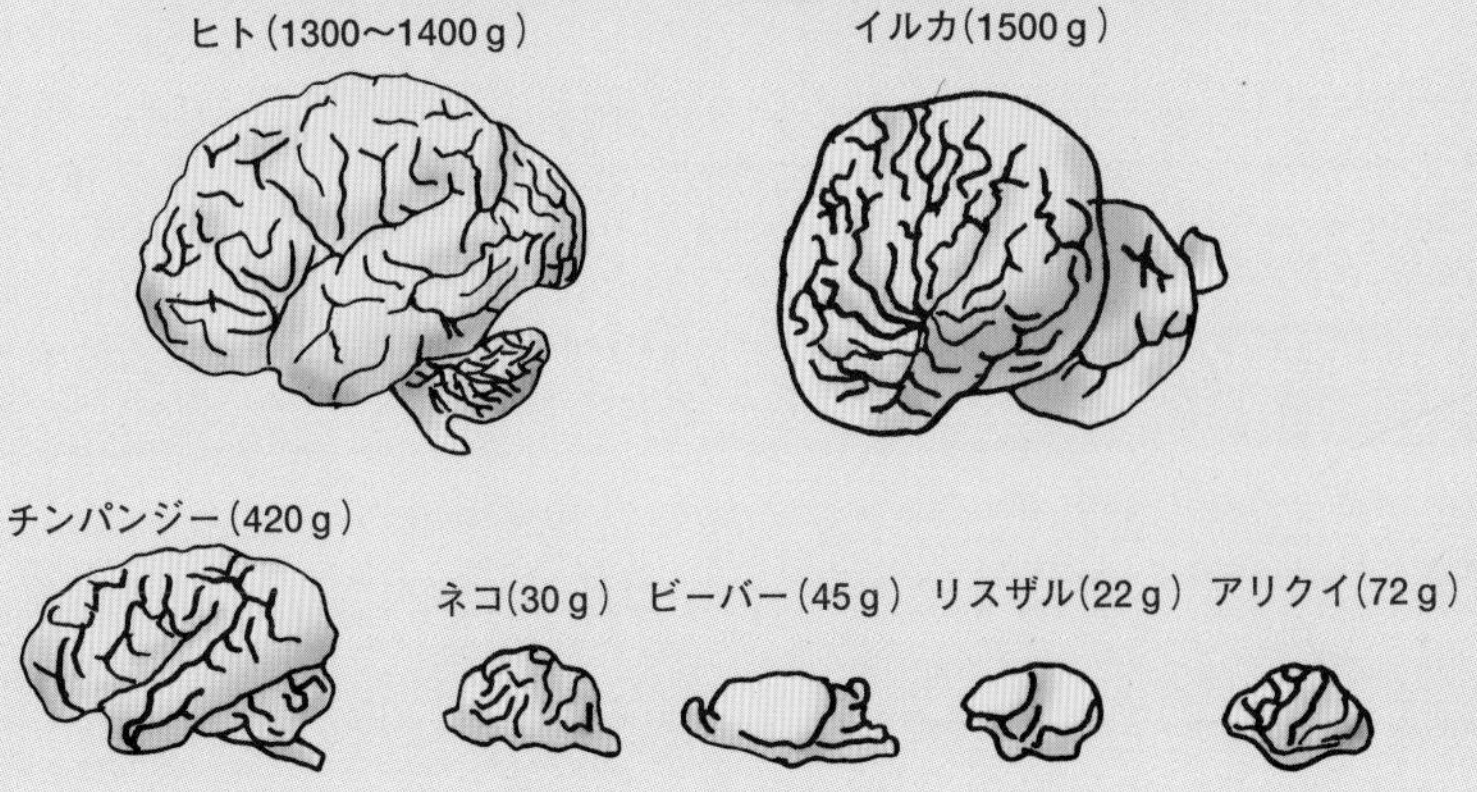
ヒト（1300～1400ｇ）
イルカ（1500ｇ）
チンパンジー（420ｇ）
ネコ（30ｇ）
ビーバー（45ｇ）
リスザル（22ｇ）
アリクイ（72ｇ）

●やり方

1. 日本語の文章を、声に出さずに読んでみましょう。
2. 英語の文章は、日本語の文章を訳《やく》したものです。声に出さずに読んでみましょう。まだ英語を勉強していない人は、お父さんやお母さん、大人の人などに、読み方や意味を教えてもらいましょう。
3. 今度は、日本語の文章を、声に出して読んでみましょう。
4. 英語の文章を、声に出して読んでみましょう。

③「もしもし。」
「もしもし、アリスです。ジョンは、いますか？」

「いいえ、かれは図書館で勉強しています。」

"Hello."
"Hello, this is Alice. Is John there?"
"No, he's studying at the library."

④「なにを、さしあげましょうか？」
「わたしは、オレンジとさくらんぼうがほしいのですが。」

「900円になります。」

"Can I help you?"
"I want these oranges and cherries."
"That will be 900 yen."

『くもんの Let's try 英検5級』（公文教育研究会）より

やってみよう②

このページでは、わたしがやった実験を、みなさんも実際《じっさい》に試してみることができます。機械で調べることはできませんが、みなさんの脳《のう》も、29ページや31ページの図のように活動しています。

実験―日本語の文章と、英語の文章を読む

①「わたしは、このいすがほしい。いくらですか？」
「150ドルです。すてきないすです。」

"I want this chair. How much is it?"
"It's 150 dollars. It's a nice chair."

②「あなたは、どのスポーツが好きですか、デイブ？」
「わたしは、サイクリングとテニスが好きです。あなたは、どうですか、ボブ？」
「わたしは、バレーボールが好きです。」

"What sports do you like, Dave?"
"I like cycling and tennis. How about you, Bob?"
"I like volleyball."

第3章

計算をバカにしちゃいけない

この本の最初で、コンピュータゲームをしているときと、一けたどうしのたし算を使った検査《けんさ》をしているときの、脳《のう》の働きを調べた実験のことをお話ししました。ちょっとしたいたずら心から、この実験を思いついたのは、わたしが東北大学の大学院にいたころです。

東北大学の医学部を卒業したわたしは、脳の研究をしたくて、大学院へと進みました。ところが、脳の働きを専門《せんもん》に研究している先生がいません。さてどうしたものかと困《こま》りはて、自分でいろいろと考えた結果、京都大学の霊長類《れいちょうるい》研究所へ行って、脳のことを勉強することに決めたのです。

霊長類研究所では、脳科学《のうかがく》の第一人者の久保田《くぼた》競《きそう》先生に、研究者としての心がまえや生き方を教わりながら、サルの脳の活動について研究しました。

そのときに、スウェーデンのローランドという先生が書いた論文《ろんぶん》に出あいました。「なにかを感じたり、気持ちがわきおこったりするなど、心が活動しているときや、ものごとを考えるときの脳の働きを、画像《がぞう》で見る」というものです。それは、まさに、わたしがやりたいと思っていた研究だったのです。さっそくわたしは、「先生のもとで研究をしたい」と、自分の強い気持ちを手紙に書きました。

コンピュータゲームと一けたの計算の実験をしたのは、東北大学の大学院にもどって、ローランド先生からの返事を待っていたときです。そして運よく、「スウェーデンに、いらっしゃい」という返事が来て、ローランド先生のもとで、脳の研究をすることになりました。

先生からも、論文の書き方や研究者としての生き方など、数多くのことを教えてもらいました。

たとえば、「朝早く研究室へ行って、他の人たちがやってくる前に、一つ仕事をかたづけなさい」という教えを、わたしは今でもしっかり守っていて、朝七時には大学へ行っています。

わたしは、久保田先生とローランド先生に出あえて、ほんとうによかったなと思って

います。こうして脳《のう》の研究を続けていられるのも、二人の先生のおかげです。みなさんも、これからの人生のどこかで、大きな影響《えいきょう》を受ける人に、きっと出あうはずです。そういうチャンスを、大切にしてください。

そして、スウェーデンでの二年間の研究を終えて、わたしは日本にもどり、さらにいろいろな実験と研究を進めることにしました。その一つが、単純《たんじゅん》計算でほんとうに脳が活発に働くのか、ということの確認《かくにん》です。

単純《たんじゅん》計算の魔力《まりょく》

さて、わたしたちの脳では、コンピュータゲームより、単純計算をするときのほうが、いろいろな場所が活発に働いていましたね。

ところでみなさんは、この結果にびっくりしませんでしたか?

「自分では、ゲームのほうが頭も体も使って、いっしょうけんめいやっているのに……」と。

わたしも、同じです。とてもおどろきました。そして、この結果を、すぐに信じることはできませんでした。たいくつで、つまらないはずの計算が、脳の多くの場所を活動させていたからです。

「実験の結果は、まちがっていないだろうか? 実験といっても、たった五人の大学生で調べただけだからな……。もっと多くの人で、いろいろな計算をしているときの脳のようすを調べたら、ちがう結果が出るかもしれない」

「もう一度実験するのなら、脳のどこが働いているのか、もっとくわしく調べてみよう」

そこで、一けたのたし算、ひき算、そしてかけ算をやっているときの、脳の働きを調べてみることにしました。

この実験でやってもらったのは、2+5とか、7−3とか、8×9というような計算です。問題が二秒間に一回、スクリーンに映《うつ》しだされるので、それを計算する、というものです。

こんな簡単《かんたん》な計算問題ですから、大学生、中学生、そして小学生でも実験しました。みなさんでも、ぱっぱっと解《と》けるでしょうから、わたしには、脳をたくさん使うとは、どうしても思えませんでした。ところが……。

実験　単純《たんじゅん》な計算をする

次のページの図は、十人の大学生の結果をまとめたものです。

この実験でも、単純計算をすると、計算するときに働く場所はもちろん、右側の脳も左側の脳も、いろいろな部分が活発に働くことが確《たし》かめられました。そして、計算がたし算でも、ひき算でも、かけ算でも、働いている部分は、だいたい同じです。

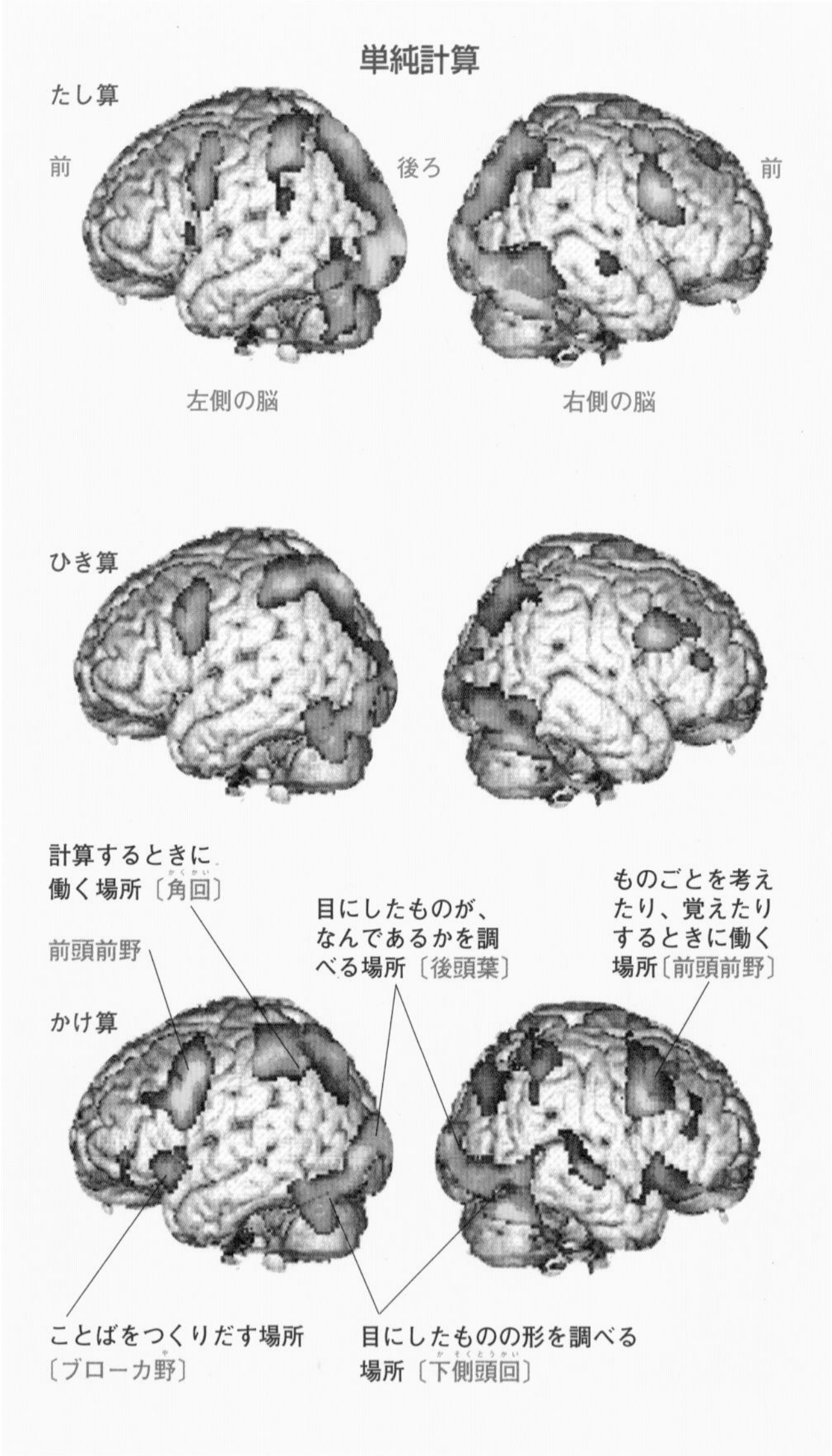
単純計算
たし算
前
後ろ
前
左側の脳
右側の脳
ひき算
かけ算
計算するときに働く場所〔角回《かくかい》〕
前頭前野
目にしたものが、なんであるかを調べる場所〔後頭葉〕
ものごとを考えたり、覚えたりするときに働く場所〔前頭前野〕
ことばをつくりだす場所〔ブローカ野《や》〕
目にしたものの形を調べる場所〔下側頭回《かそくとうかい》〕

ただし、かけ算のときには、ことばをつくりだす場所が働いていることに、注目してください。計算を解《と》くのに、なぜ、ことばが必要なのでしょう?

わかりましたか? あなたは、4×4や8×8の答えを、どのようにして出しますか?

そう、九九です。わたしたち日本人は、かけ算を九九のことばの調子で覚えます。ですから、かけ算をするときには、ことばに関係する脳《のう》の部分が働くのではないかと、考えています。

そしてこの実験の結果を見て、もう一つ、おどろいたことがあります。それは、**単純《たんじゅん》な計算をおこなっているときでも、ものごとを考えたり、覚えたりするときに働く前頭《ぜんとう》前野《ぜんや》が、左右両側の脳でたくさん働いている**、ということです。

おそらくわたしたち人間にとって、数を取りあつかうことは、とても高度で、また大切なことなのだろう、と考えられます。

じつは、人間が教育したチンパンジーなどの、とくべつな動物をのぞくと、数をかぞえたり、計算ができるのは、わたしたち人間だけです。脳、その中でももっとも大切な前頭前野が大きく発達し、じょうずに使えるからこそ、そういうことができるのです。

また、数がわかり、計算をたくさんしてきたからこそ、それがしげきとなって、人間の前頭前野は、どんどん発達したとも、考えることができます。

〝前頭前野が大きくなったから、計算ができるようになった〟のか？　それとも〝計算をしたから、前頭前野が大きくなった〟のか？

まるで、〝卵《たまご》が先か？　にわとりが先か？〟のようです。どちらにしても、計算することが、わたしたちの脳にとってどんなに大切か、わかりますね。

そして、計算しているときの脳《のう》のようすを中学生で調べた結果は、20ページでお見せしました。小学生でも実験しましたが、その結果は、中学生や大学生とほとんど同じ場所が活動していました。

単純《たんじゅん》な計算が、小学生から大学生まで、同じように、脳を活発に働かせるのです。

このように、計算はみなさんの脳をきたえ、発達させることにおおいに役立っているのです。

「あーぁ、こんな計算をしてもつまらないな。むだだよ」

と思わず、たくましい脳をつくるために、計算をたくさんやってみましょう。

また、むずかしい勉強を始める前には、簡単《かんたん》な計算を一分から二分間してみましょう。脳のいろいろな場所の働きが活発になるので、勉強を進めやすくなる可能性《かのうせい》があるのではないかと、わたしは考えています。自動車を走らせる前に、エンジンをあたためるのと同じですね。

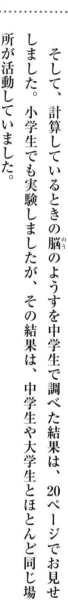

複雑《ふくざつ》な計算問題を解《と》いているときは？

今度は、少し複雑《ふくざつ》な計算問題を暗算しているときの、脳の働きを調べてみましょう。

問題は、「54÷(0.51−0.19)」です。大学生なら、平均《へいきん》で約一分あれば計算できるむずかしさにつくってあります。どうです？　みなさんは、解《と》けましたか？

でもこの問題は、複雑とはいっても、ひき算とわり算の組みあわせです。はたして、単純な計算のときと同じ部分が働いているのでしょうか？

実験　複雑《ふくざつ》な計算をする

この実験には、九人の大学生に参加してもらいました。

なんと、左側の脳しか働いていないことがわかりました。右側が、まったく活動していません。

この結果を見て、わたしはまたまた、おどろきました。単純な計算でも、脳のいろいろな場所が活発に働くのだから、複雑な計算なら、もっと活動しているはずだ、と思っていたからです。

さっきから、おどろいてばかりいますが、予想もつかない結果が出るおどろきと、そのなぞを解いたときのよろこびが、脳を研究するおもしろさだと、わたしは思います。

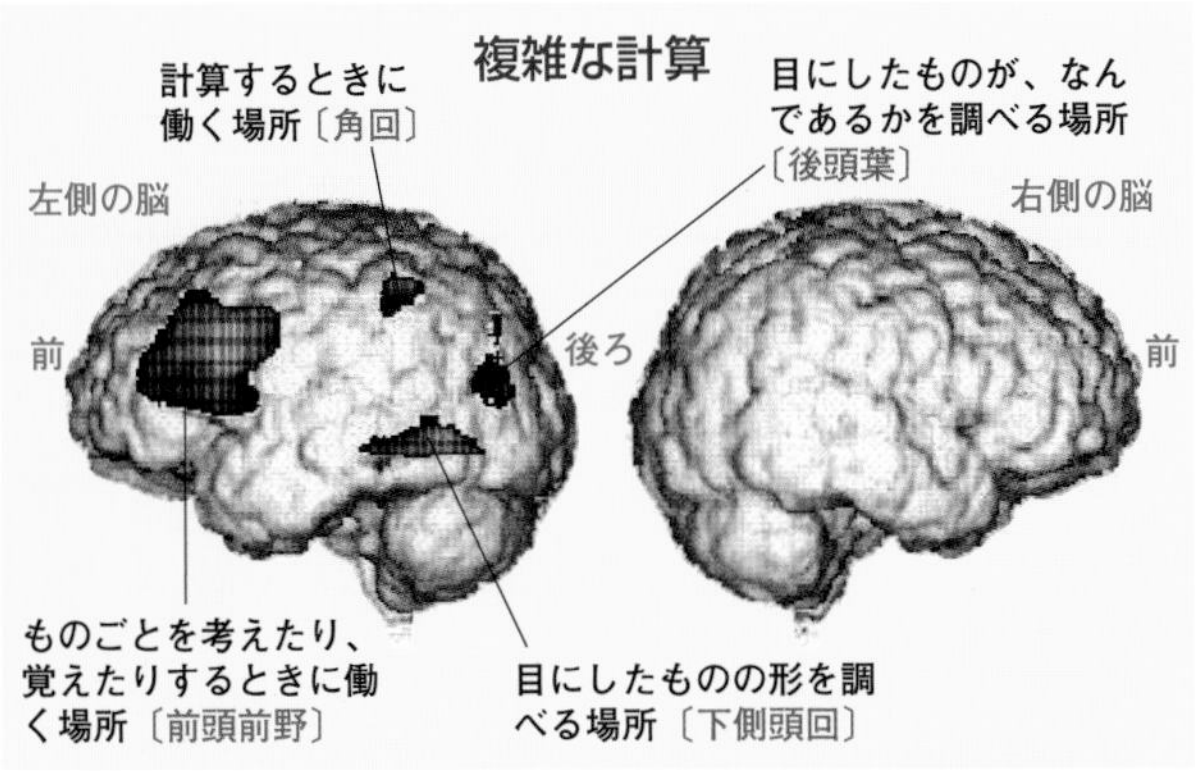
複雑な計算
計算するときに働く場所〔角回〕
目にしたものが、なんであるかを調べる場所〔後頭葉〕
左側の脳
右側の脳
前
後ろ
前
ものごとを考えたり、覚えたりするときに働く場所〔前頭前野〕
目にしたものの形を調べる場所〔下側頭回〕

さて、この結果については、次のように考えました。

みなさんは、「2＋3は？」と聞かれたら、さっと「5」と答えられますね。

ところが、「54÷(0.51−0.19)は？」と聞かれたら、どうしますか？　おそらく「まず0.51から0.19を引くと0.32で、次に54を0.32でわるには、両方の数字をまず100倍して……」といった感じで、頭の中で、解《と》き方の順をことばにして、思いうかべていくと思います。

ところで、ことばをつくりだす場所が、たいていの右利《き》きの人の場合に、左側の前頭《ぜんとう》前野《ぜんや》の一部分にあることが、これまでに多くの学者が研究した結果からわかっています。

実験に参加した大学生は、全員右利きでしたから、解き方をことばにするときに、左側の脳《のう》が活発に働いたのでしょう。

そして、複雑《ふくざつ》な計算をしているときにも、ものごとを考えたり、覚えたりするときに働く前頭前野が、ことばをつくりだす場所といっしょに、たくさん働いていました。やはり、脳の中の、もっとも大切な場所をきたえ、たくましくすることに、計算は役立っているのです。

文章題を解《と》いているときは？

同じように、文章題を暗算で解くときも、確《たし》かめてみました。

「あやさんは、えんぴつをお母さんからもらって、いま37本持っています。これは、もらう前より48%増《ふ》えたことになります。はじめ、あやさんは、何本のえんぴつを持っていたでしょう」という問題です。

実験 文章題をする

左側の脳が、活発に働いていますね。

複雑な計算のときとほとんど同じですが、活動する場所が広がっています。

これは、文章を何度も読みかえして問題を理解《りかい》し、文章から計算式をつくりあげ、そして式を解く順序《じゅんじょ》をことばにしているからでしょう。

もちろん、ものごとを考えたり、覚えたりするときに働く前頭前野も活動しています。

おやっ、文章題を解くときは、計算する場所がまったく働いていません。計算よりも、まず式をつくるほうに、脳がたくさん働いたためと考えられます。

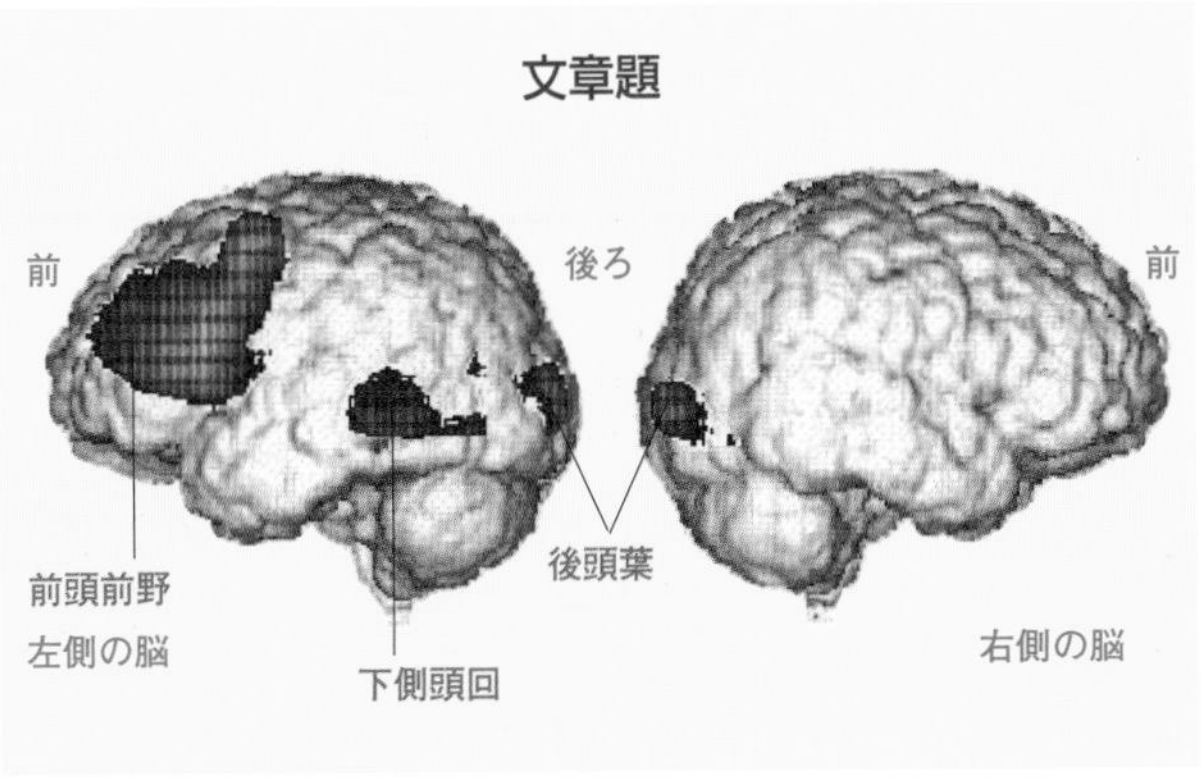
文章題
前
後ろ
前
前頭前野
左側の脳
下側頭回
後頭葉
右側の脳

ここで、算数や数学の勉強方法について、ちょっと提案《ていあん》があります。

複雑《ふくざつ》な計算を解《と》くときと、文章題を解くときに活動する脳《のう》の場所は、ほとんど同じですから、**文章題が苦手な人には、計算問題をたくさん解いて、脳をきたえてみることをおすすめします。**

また、複雑な計算や文章題を解くときは、どちらも、ことばをつくる場所が活動しましたね。ひょっとしたら、**国語の勉強が、算数や数学の勉強にも役立つのかもしれません。**

そして、音読すると、ものごとを考えるときに働く前頭前野《ぜんとうぜんや》が活発に働くことを思いだしてください。ですから、たとえば算数や数学のむずかしい文章題などに出あったら、問題文を声に出して、読んでみましょう。もちろん、まわりの人にめいわくをかけない、小さな声で。問題がわかりやすくなったり、解きやすくなる可能性《かのうせい》がありますよ。

第3章のまとめ

- 単純《たんじゅん》な計算を解《と》くときは、両側の脳《のう》の、いろいろな部分が活動する。
- 複雑《ふくざつ》な計算や文章題のときは、どちらも、左側の脳が活発に働く。そして、文章題を解くほうが、働くはんいは広い。
- 複雑な計算や文章題のときは、どちらも、ことばをつくりだす場所が活発に働く。
- 計算するときや文章題を解くときは、脳の中でもっとも大切な、ものごとを考えたり、覚えたりするときに働く前頭前野《ぜんとうぜんや》が活動する。

脳《のう》のことを、もう少しくわしく知るために③

大脳《だいのう》の四つの部屋

この本をここまで読みすすんできたみなさんは、もう気づいていると思いますが、わたしたちの脳《のう》は一つのかたまりとして働くのではありません。

まず、わたしたちの脳は、大脳《だいのう》と、その下にある小脳《しょうのう》や脳《のう》幹《かん》とよばれる部分などにわかれています。

大脳以外の脳については、128ページを見てください。

大脳は、前、上、横、後ろの四つの大きな部分にわかれています。そして、場所によって、それぞれちがった役割《やくわり》をしています。

おでこの後ろにあるのが、「前頭葉《ぜんとうよう》」です。ここの大切な働きは、体を動かすことです（運動野《うんどうや》）。ことばをつくりだす場所（ブローカ野《や》）や、大脳の中でもっとも大切な働きをする場所（前頭前野《ぜんとうぜんや》）もここにあります。

頭のてっぺんにあるのが「頭頂葉《とうちょうよう》」です。ここの大切な働きは、なにが自分の体にふれているのか、自分がさわっているものはなにか、といった感覚を調べることです（感覚野《かんかくや》）。身の回りにあるものの位置や方向を調べる場所（頭頂連合野《とうちょうれんごうや》）

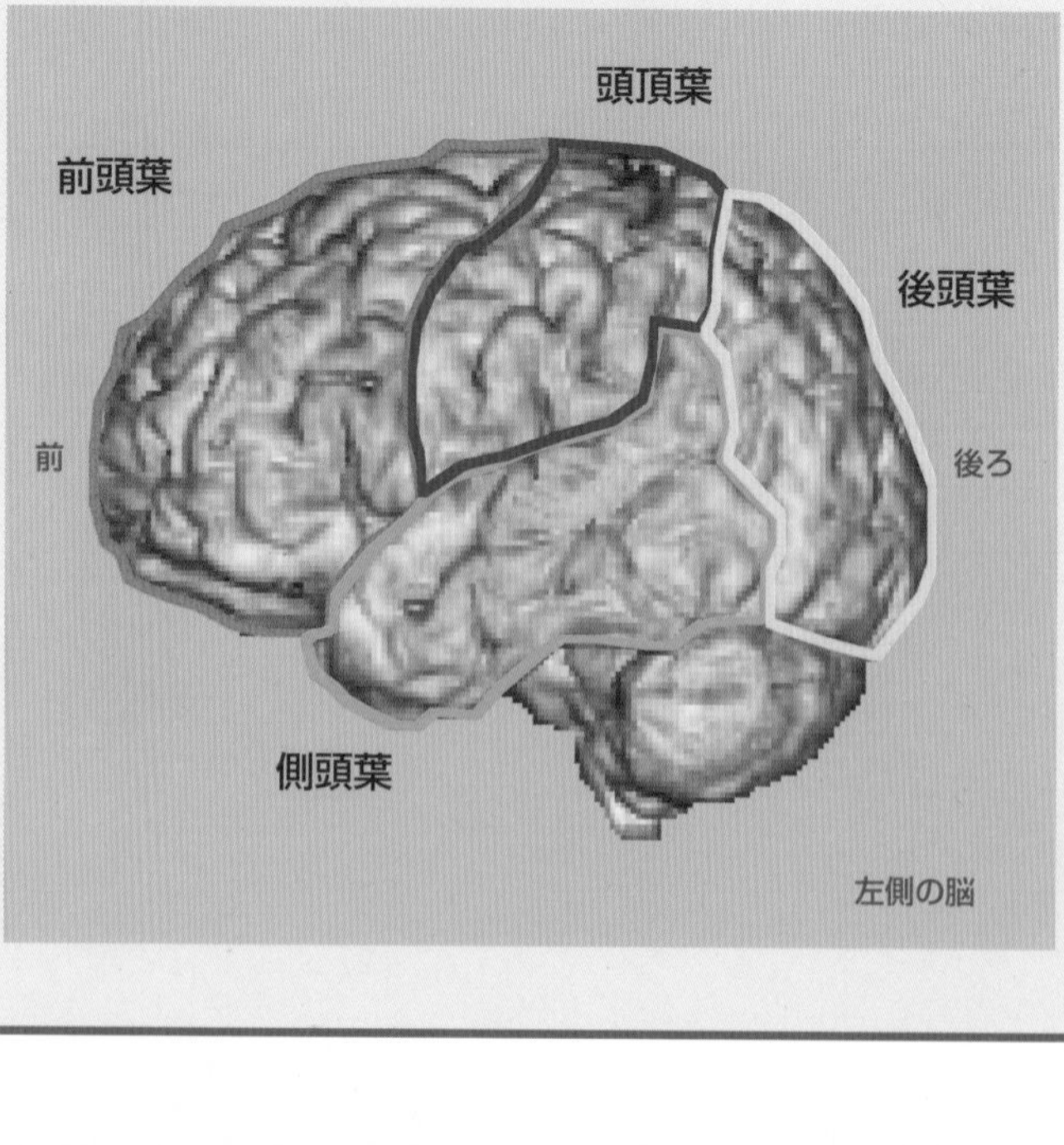

や、計算をするときに働く場所（角《かく》回《かい》）もあります。

頭の後ろにあるのが「後頭葉《こうとうよう》」です。ここは、ものを見るための脳です（視覚野《しかくや》）。みなさんの目に映《うつ》ったものは、すべてここに送られて、それがなんであるかを調べています。

頭の横、耳のおくにあるのが「側《そく》頭葉《とうよう》」です。ここでは、耳に聞こえた音がなんの音であるかを調べる働きをしています（聴覚野《ちょうかくや》）。目に見えたものの形を調べたり（下側頭回《かそくとうかい》）、いろいろな記憶《きおく》がしまわれている場所も、ここにあります。

そして、側頭葉の後ろと頭頂葉の下の両方が重なる場所に、ことばの意味を理解《りかい》するための特別な働きをもっている場所（ウェルニッケ野《や》）があることも知っておいてください。

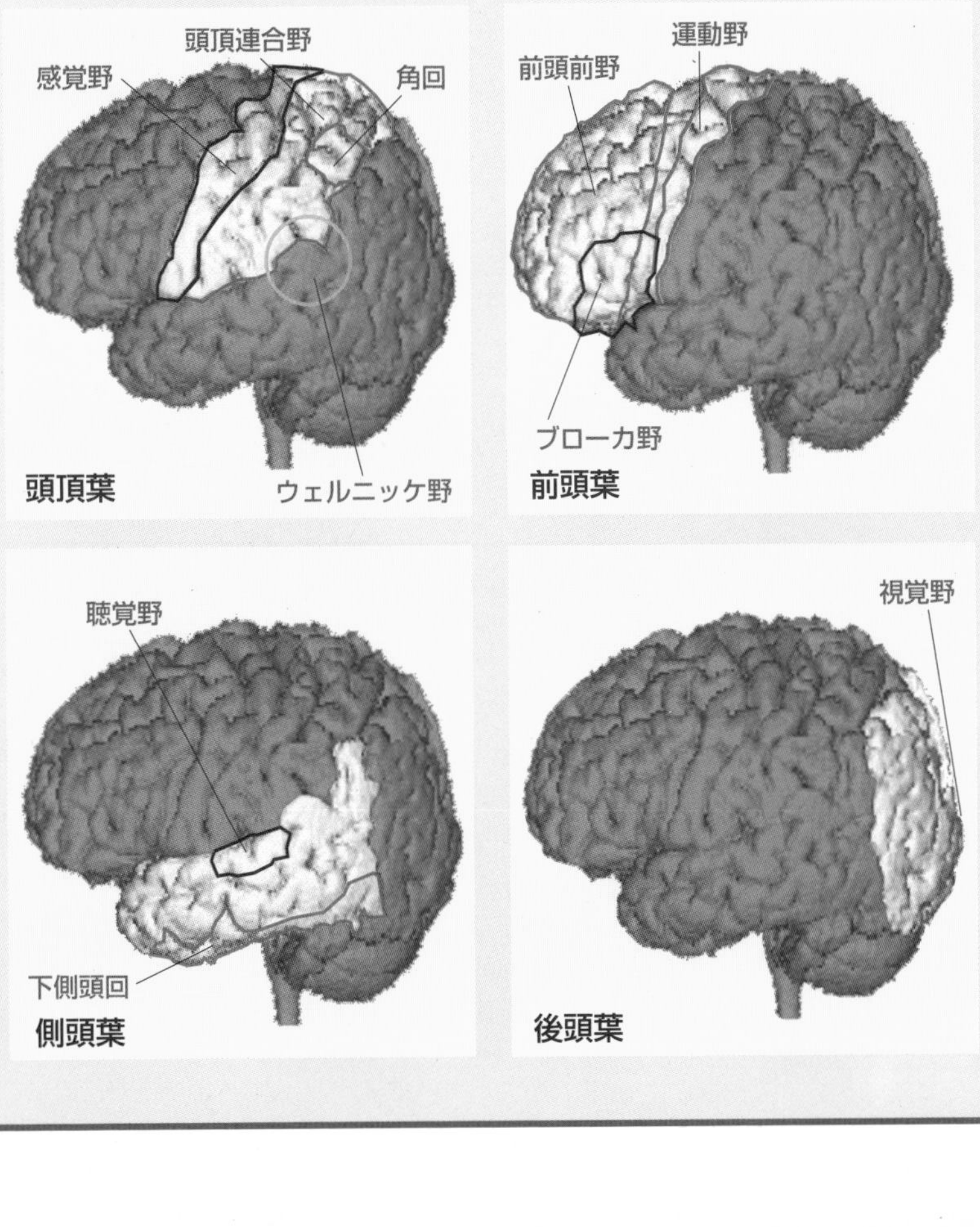
頭頂連合野
感覚野
角回
ウェルニッケ野
頭頂葉
運動野
前頭前野
ブローカ野
前頭葉
聴覚野
下側頭回
側頭葉
視覚野
後頭葉

●やり方

1. 問題を、紙などでかくしてください。
2. 紙をずらし、問題を1問ずつ出して、計算してください。
3. 答えは、頭の中に思いうかんだら、それでじゅうぶんです。
4. だいたい、2秒に1回の感じで、次つぎに計算していってください。

3×7	3×8	8×7
4×8	4×4	1×3
5×1	7×2	2×9
2×7	2×7	5×6
9×4	6×3	2×3
6×2	9×9	7×8
7×7	8×6	8×9
8×3	2×4	7×9
3×9	6×8	9×3
6×6	7×7	3×6
2×6	4×5	4×9
8×8	6×1	7×1
5×9	4×7	2×8
7×3	5×4	6×7
9×1	6×9	5×8

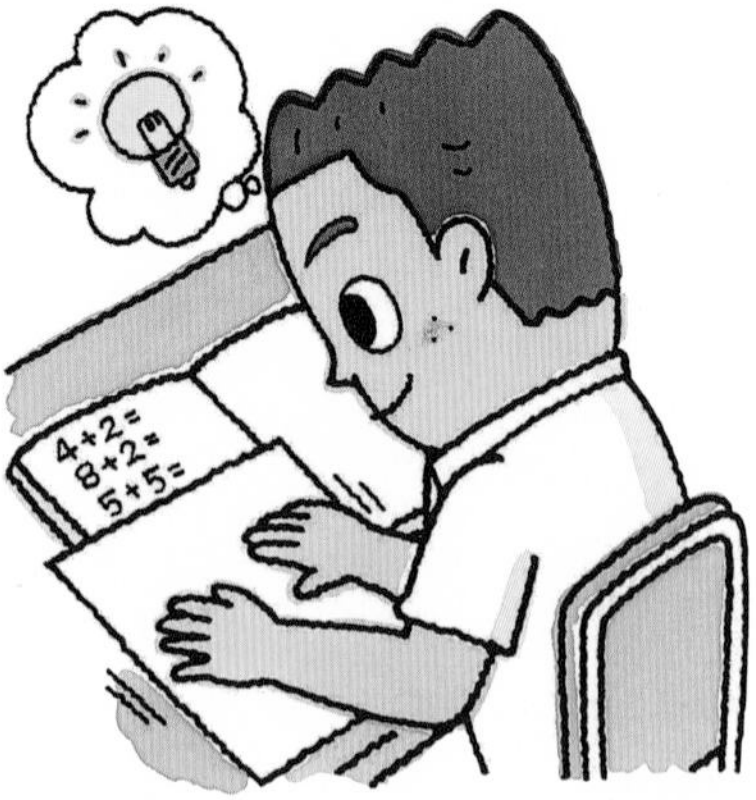

やってみよう③

このページでは、わたしがやった実験を、みなさんも実際《じっさい》に試してみることができます。機械で調べることはできませんが、みなさんの脳《のう》も、50ページの図のように活動しています。

実験— 1けたのたし算、ひき算、かけ算をする

4 + 2	6 + 8	1 + 2
8 + 2	4 + 5	9 + 2
5 + 5	7 + 1	7 + 6
7 + 5	3 + 5	2 + 4
3 + 6	1 + 1	6 + 6
7 + 4	5 + 7	4 + 9
8 + 9	8 + 4	9 + 3
5 + 8	2 + 8	1 + 6
2 + 3	5 + 1	8 + 5
6 + 7	9 + 7	3 + 7
9 + 9	6 + 5	5 + 2
1 + 9	1 + 7	3 + 1
4 + 1	8 + 8	7 + 9
5 + 3	4 + 7	6 + 3
2 + 7	6 + 1	9 + 4

3 - 1	8 - 3	8 - 2
8 - 5	5 - 3	6 - 1
6 - 3	6 - 2	5 - 4
7 - 6	7 - 5	7 - 2
2 - 1	3 - 2	9 - 9
9 - 7	5 - 1	4 - 4
4 - 2	4 - 4	8 - 8
5 - 2	7 - 3	9 - 4
5 - 5	8 - 1	2 - 2
7 - 4	9 - 5	9 - 3
8 - 4	6 - 6	7 - 1
8 - 6	4 - 1	7 - 7
1 - 1	3 - 3	8 - 4
4 - 3	8 - 6	3 - 2
9 - 1	9 - 8	5 - 4

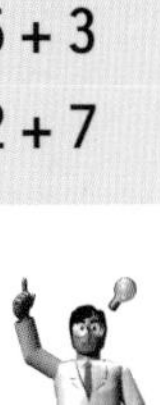

第4章

毎日の勉強は、よい脳《のう》をつくる“頭のごはん”

みなさんの中に、「自分は生まれつき頭が悪いから、勉強なんかしてもむだだ」とか、「自分の両親は頭がいいから、自分も勉強なんかしなくてだいじょうぶ」と、考えている人はいませんか？

それは、大きなあやまりです。

たとえば、体を動かす運動をまったくやらないで毎日を過《す》ごせば、力強い筋肉《きんにく》のない、弱よわしい体ができあがってしまいますね。

同じように、勉強をまったくやらないでいると、脳《のう》も弱くなってしまいます。反対に、じょうずに勉強すれば、だれでも、たくましくて、よりよい脳をつくることができます。

じつは、みなさんの脳は、みなさん

の体と同じように、毎日発達しているのです。

では、じょうずな勉強とは、どのようにすればいいのでしょうか？

「そんな方法があるなら、ぜひ教えてほしい」という、みなさんの声が聞こえてきます。

しかし、残念ながら、「これだ！」という答えは、まだ見つかっていません。でも、ヒントになりそうなことが、脳の研究によって、少しずつわかってきました。

わたしは、小学校、中学校、高校と、あまり勉強が好きではありませんでしたが、これからお話しするような〝じょうずな勉強のヒント〟を知っていたら、もっともっと勉強したかもしれません。読者のみなさんは、まだまだじゅうぶんに間に合いますよ。さあ、わたしといっしょに、脳の中をのぞいて、勉強のヒントを探《さが》してみましょう。

体で学習するって、どういうこと？

みなさんが学校や家でする勉強のように、ものごとの内容《ないよう》や、解《と》き方・やり方を覚え、身につけていくことを、わたしたちは、ふつう「学習する」といいますね。

またいっぽうで、自転車の乗り方や、さかあがりのやり方を何度も練習して、体で覚えることも、「学習する」といいます。

まずここでは、体で学習することについての、ちょっとおもしろい実験と、その結果

を紹介《しょうかい》しましょう。

実験 目に見える風景を、ふだんと60度ずらす

下の絵を見てください。この実験では、大学生の頭にカメラを取りつけ、カメラからの映像《えいぞう》だけが目に見えるようにします。

そして、このカメラを、時計の針《はり》が動くのと同じ方向へ60度、回転させました。つまり、目に見える風景は、ふだんと60度ずれています。たまたま実験に使った機器のつごうで60度にしましたが、何度であれ、見えるのは、いつもとまったくちがう世界です。

わたし自身も実験台になってやってみましたが、とてもふしぎな体験でした。目に見えているのは、たしかに自分の手やうでなのに、自分の思っている方向に動きません。まるで、ほかの人の手やうでのような感じがします。さわりたい場所へ、じょうずに手を動かすことができません。

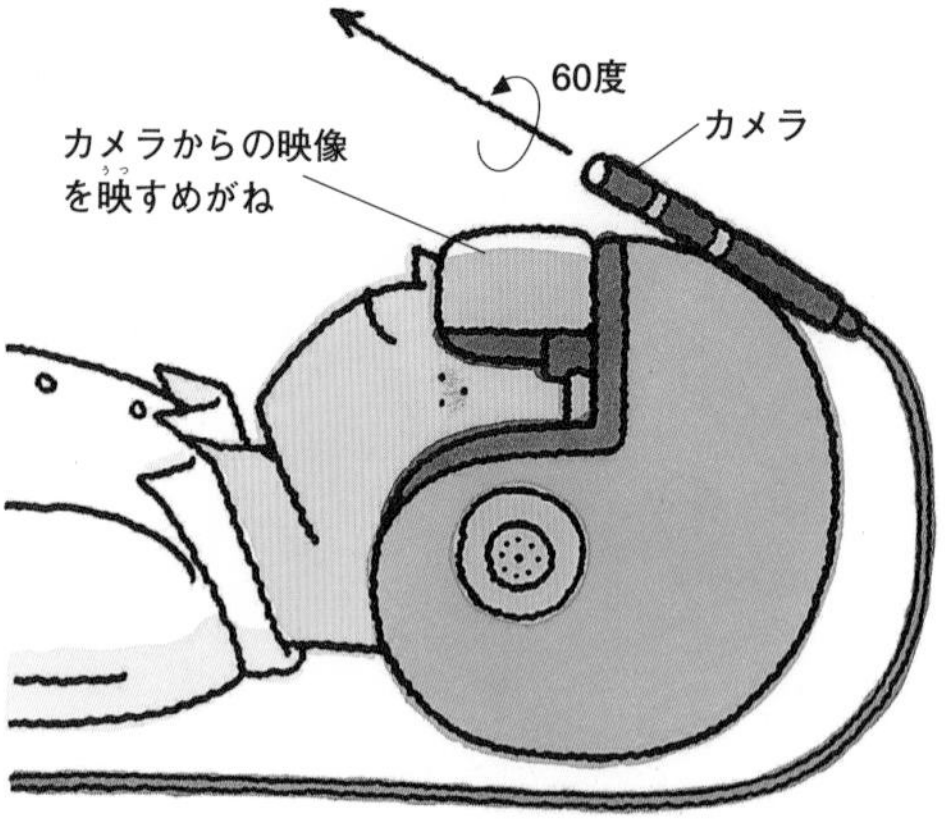

いったい、どうやってうでを動かせばいいのか、頭の中が混乱《こんらん》して、いろいろと考えこんでしまいました。

ところが、しばらくの間、さまざまにうでを動かしていると、とつぜん、頭で考えなくても、手を思った場所に、すっと動かせるようになりました。まるで、むずかしくて、さっぱりわからなかった問題が、とつぜん理解《りかい》できたような感じです。

さて、このとき、脳《のう》はどのように働いたのでしょう?

右利《き》きの大学生、六人の結果をまとめました。

実験を始めたときの図は、まだ手をじょうずに動かせず、頭の中が混乱しているときのものです。両側の脳の、いろいろな部分が活動していますね。

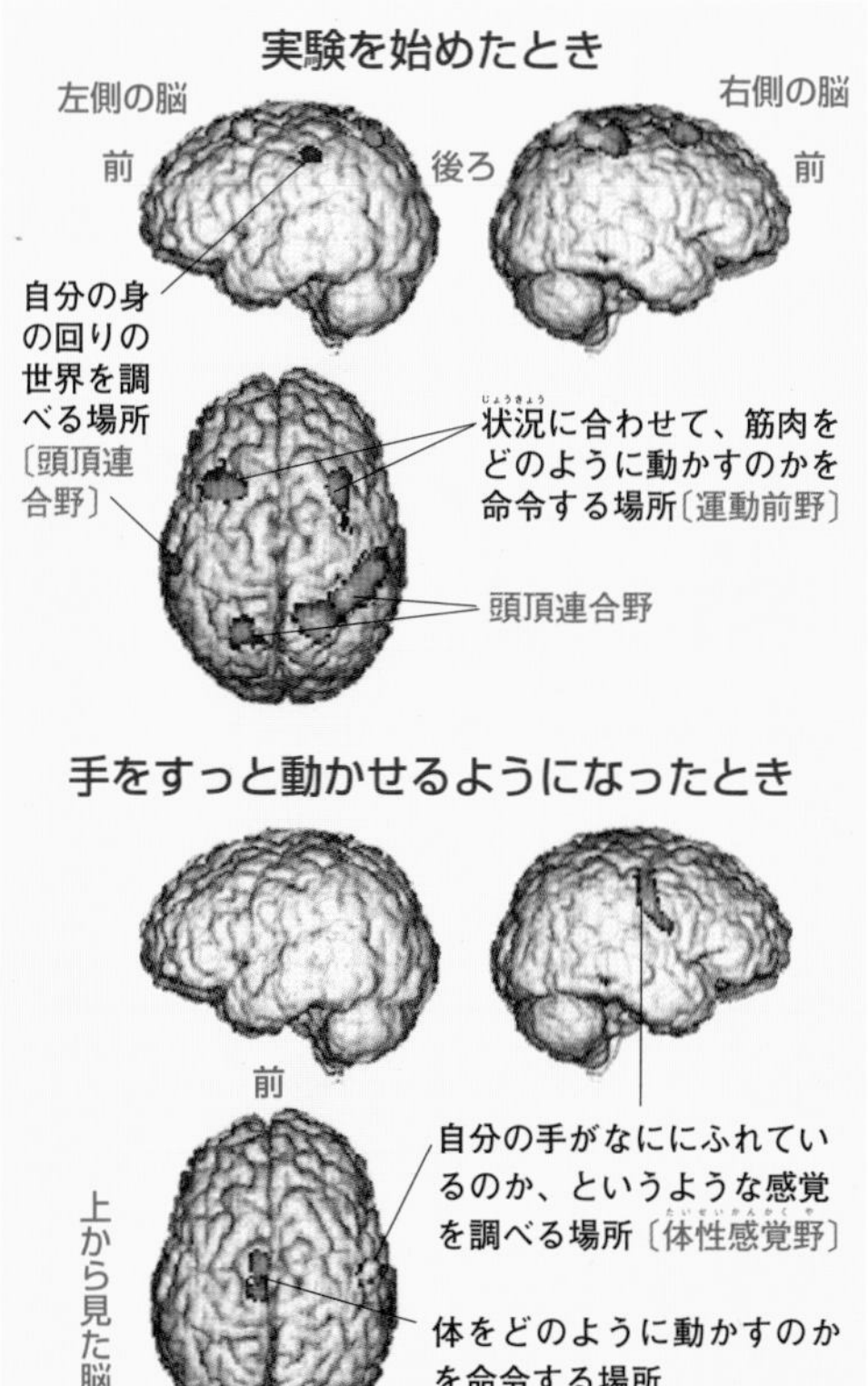

実験を始めたとき
左側の脳
右側の脳
前
後ろ
前
自分の身の回りの世界を調べる場所〔頭頂連合野〕
状況《じょうきょう》に合わせて、筋肉をどのように動かすのかを命令する場所〔運動前野〕
頭頂連合野
手をすっと動かせるようになったとき
前
自分の手がなににふれているのか、というような感覚を調べる場所〔体性感覚野《たいせいかんかくや》〕
体をどのように動かすのかを命令する場所〔補足運動野《ほそくうんどうや》〕
上から見た脳
後ろ

なかでも、脳《のう》の上のほうで色がついているのは、自分の身の回りの世界を調べる場所です。ふだんとはちがう風景の見え方に合わせようと、「ああでもない、こうでもない」「ああしてみよう、こうしてみよう」と、活発に働いているのです。

そして、手をすっと動かせるようになったときは、体をどのように動かすのかを命令する場所と、自分の手がなににふれているのか、というような感覚を調べる場所だけが働いています。

いろいろなことを何度も試しているうちに、体の動かし方がわかり、「学習した」のです。体が覚えてしまった、ということばがありますが、まさにこのことなのですね。

さあ、実験が終わり、60度ずれていたカメラを、もとの位置にもどしました。もとにもどったら、もどったで、また体がうまく動かせなくて、しばらくたいへんな思いをするのでしょうか?

いえいえ。おもしろいことに、すぐに、もとの風景になれてしまいます。たった今、体で覚えたことが、あっという間に、消えてしまったのです。

この実験から、**新たな学習を始めたころは、脳のいろいろな場所が活動するが、学習を進めていくと、脳をたくさん使わなくてもすむようになること、そして学習をやめると、すぐに元にもどる**、ということがわかりました。

脳《のう》は〝おにぎり〟のようなもの

では、この実験をもとに、学習と脳についての話をしようと思います。

でも、その前に、脳のしくみについて、みなさんの身近なものにたとえて、簡単《かんたん》に説明しておきます。これを読めば、これからの話がとてもわかりやすくなると思います。

みなさんは、〝おにぎり〟は好きですか？

このおにぎり、一つのもののように見えるけれど、じつはそうではありません。二つにわると、その中には、ごはんつぶがいっぱいつまっているのがわかりますね。

脳もそれと同じで、おにぎりにあたるものが脳で、ごはんつぶにあたるものが脳の細《さい》胞《ぼう》です。

脳の中では細胞が、がっちりと手をつなぎあっています。手といっても、わたしたちのように二本ではありません。一つ一つの細胞が、十本も二十本も手を持っていて、それぞれがつなぎあっているのです。

では、細胞は、つながりあって、どのような働きをしているのでしょう？

今度は、みなさんが教室で、となりの人と手をつないでいるようすを思いうかべてください。教室の一人一人が、細胞にあたります。

そこで、わたしが、いちばん手前にいる人に「なんか来たよ」といいます。すると、うわーっといっせいに、手をかたくにぎって、引っぱりながら、次つぎに、「なんか来たよ」→「なんか来たよ」→「なんか来たよ」といった感じで、いちばんはしの人にまで、「なんか来たよ」という情報《じょうほう》を伝えていく……。こんな感じで、スタートの細胞《さいぼう》から、ゴールの細胞まで、情報を流すしくみになっています。

〝伝言ゲーム〟という遊びに似《に》ていますが、脳《のう》の場合、その情報は途中《とちゅう》で変わっていったり、まったくちがったものになるようなことはありません。

どうです、なんとなくわかりましたか?

そして、このように細胞から細胞へ手をのばし、つなぎあって情報を伝えている状態《じょうたい》のときを、「脳が活発に働いている」とか「脳が活動している」といっています。

脳の図で赤い色がついているのは、まさにそういう場所です。

学習によって、脳《のう》に高速道路をつくる

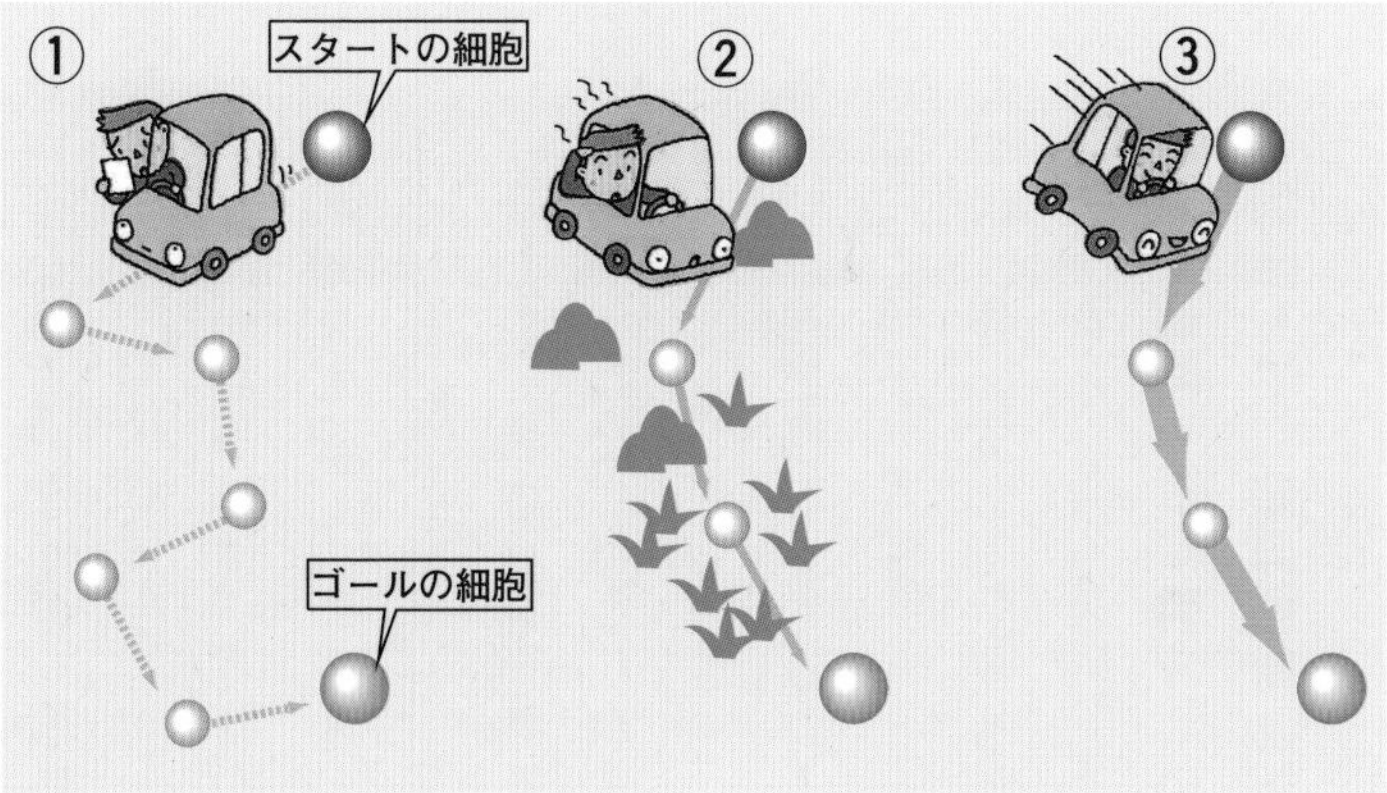

　では、さきほどの実験を思いだしてください。
　まずカメラを60度動かしたとき、頭の中が混乱《こんらん》し、実際《じっさい》に脳も、いろいろな場所が活動していました。このとき脳は、この困《こま》った状況《じょうきょう》からぬけだそうと、どの細胞とどの細胞が手をつなぎ、情報を流せばいいのか、失敗をくりかえしながら、探《さが》しもとめているのです。
　ようやく、遠回りをしながらも、スタートとゴールの細胞が見つかります〈①〉。そして情報をくりかえし流しているうちに、やがて、いちばん近い道すじが見つかり、つながって、脳の活動する場所が少なくなります〈②〉。とつぜん、すっと手を思った場所に動かせるようになったと感じるのが、このときです。
　でも、ここで実験をやめてしまうと、体で覚えたことが、あっという間に消えてしまった、ということを思いだしてください。この道すじはまだ、細い、たと

えていうなら、いなかの一本道でしかないのです。せっかく道が見つかっても、車が走らないと、すぐに雑草《ざっそう》が生いしげって、通れなくなってしまいます。

そうしないためには、くりかえし学習し、何度も何度も情報《じょうほう》を流して脳《のう》を活発に働かせ、この道すじを、太くてしっかりした道路にしなければなりません。その道路は、さまざまな種類の車が軽快《けいかい》に走ることのできる、高速道路であることが望ましいのです〈③〉。そして、この高速道路を、いろいろな方向へ、できるだけたくさんつくることです。これが、わたしがくりかえしいっている、脳をきたえ、たくましくしていく、ということです。

さあ、高速道路をつくることに成功すれば、しめたものです。学習した内容《ないよう》を、もう忘《わす》れることはありません。

じつは、体で覚える学習も勉強する学習も、わたしたちの脳の働きとしては、まったく同じですから、この実験結果は、勉強する学習についても同じことがいえます。

つまり、**勉強する学習で、いなかの一本道を高速道路にするただ一つの方法は、くりかえし勉強して、脳の細胞《さいぼう》と細胞の間に何度も何度も情報を流すことなのです。**この本で、「脳を活発に働かせる」ことの大切さをくりかえし書いているのは、そのためです。

そして、脳をきたえ、よい脳をうまくつくることができるのは、二十歳《はたち》くらいまでです。と、いうことは、読者のみなさん、この高速道路をたくさんつくって、よい脳をつくることができるのは、学校に通って勉強している今のうちなのですよ。

だからといって、「じゃあ、勉強は二十歳で終わりだ」なんて、かんちがいしないでください。二十歳を過《す》ぎたら、高速道路がつくれなくなる、ということではありません。

高校まであまり勉強をしなかったこのわたしも、大学へ入るため、そして医学を学ぶために、いっしょうけんめい勉強し、今もこうして脳科学《のうかがく》の研究を毎日続けています。努力すれば、いくつになっても、高速道路がつくれます。

でも、勉強した分だけ、確実《かくじつ》に効果《こうか》があらわれるのは、やはり二十歳のころまでですね。人間の体は、二十歳のころに完成するよう、成長するしくみになっています。ですから、**脳も二十歳ころまでは成長し、どんどん高速道路をつくっていくことができるのです。**わたしは、読者のみなさんがうらやましくてなりません。

脳《のう》をたくさん働かせよう

わたしたちの脳をよりよいものにするには、脳の中に高速道路をたくさんつくることが必要で、そのためには、脳のいろいろな場所を、たくさん活動させることが大切だ、ということがわかりました。

第二章や第三章の実験では、文章を読んだり、計算をするときに、脳の多くの場所が

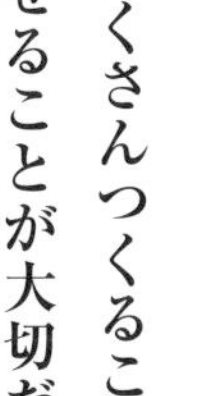

活発に働いていましたね。ですから、学校や家での勉強は、高速道路をたくさんつないで、よい脳《のう》をつくるための、もっとも効果的《こうかてき》な方法といえます。

また、勉強に関係のあるそのほかのことでも脳はたくさん働き、そして働かせることができます。ここでは、わたしが実験で確《たし》かめたことのいくつかを、お話しします。

(1)ものごとを覚える

勉強の一つに、ものごとを覚えるということがあります。そのとき脳がどのように働いているのかを調べた実験があります。

それによると、物事を覚えるという命令を出す前頭前野《ぜんとうぜんや》が活発に働きます。

そして、たとえば、文章や数式、図形の形、図形の位置、顔、人の名前など、覚えるものによって、脳の中で記憶《きおく》をしまっておく場所がちがっています。ですから、いろいろなものごとを覚える勉強をすれば、脳のさまざまな場所が活発に働きます。

(2)記憶《きおく》のこつ

ちょっと本筋《ほんすじ》からはそれますが、ここで記憶について、少しお話しをしましょう。

たとえば、筆記用具もメモも持っていないときに、ある人の電話番号を聞いて、すぐに電話をかけるとします。電話をかけおわるまで、番号を覚えていることは簡単《かんたん》ですね。しかし、かける直前、だれかにぜんぜんちがうことを話しかけられたときや、電話をかけおわったあとに、電話番号を忘《わす》れてしまうことがあります。

このような、長くても数分しか覚えていることができない数字などは、五個《こ》から九個までの間ということが、心理学の研究で、百年も前に確かめられています。市外局番をのぞいた電話番号が、多いところでも八けた（〇〇〇〇−〇〇〇〇）になっているのは、そういうわけです。

それじゃあ、十個以上の漢字や単語は覚えられないの？　と心配になるでしょう。でも、だいじょうぶです。自分の家や、よくかける友だちの電話番号を、忘れることはないですよね。

漢字や単語も、同じこと。「なんだ、そんなことか」と思うかもしれませんが、しっかり記憶するには、やはり、何度もくりかえして勉強するしかありません。脳の中で、記憶を取りだす命令をする場所と、記憶がしまわれている場所を結ぶ高速道路をつくる、ということです。

また、電話番号を語《ご》呂《ろ》合わせでことばにすると、覚えやすくなりますね。たとえば、4946〔よくよ（読）む〕、1874〔いーはなし（話）〕とかです。これは、記憶す

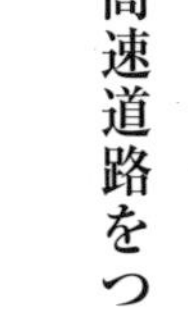

ることを、それと関連することばに結びつけています。

同じように、覚えるときに、声に出したり、紙に書いたりするのも、おすすめです。つまり、ことばをつくったり、目や耳を働かせたり、体を動かして、脳《のう》のいろいろな部分を働かせ、記憶《きおく》することと結びつけるのがいい、ということです。

わたしも、勉強で暗記をするときには、ひたすらくりかえして勉強していました。もう覚えたと思えたことも、「いや、もう一度」と、くりかえしました。そうすると、テストでなにか思いだせないことがあっても、その前後に覚えたことや、覚えようとしていたときの場所や風景から、関連することがつながっていき、思いだせたりしたことがよくありましたよ。

(3)テスト結果のじょうずな活用法

学校でのテストが、採点《さいてん》されて返ってきます。先生から「×がついているところは、なにをどうまちがえたのか、どう直せばいいのか、よく考えて、次からはまちがえないようにしよう」とか、いつもいわれていませんか?

「点数や、○×だけを気にしちゃいけません」とも。

じつは、先生の発言が正しいということが、次のような実験で、脳の活動を調べた結果からわかっています。

実験　目をつぶって、10センチちょうどの線を引く

一人が目をつぶってえんぴつを持ち、10センチちょうどになるよう、線を引いてみます。そして、線を一回引くたびに、もう一人から「引いた線が10センチちょうどであったか、どうか」だけを伝えた場合と、「10センチプラスマイナス5ミリのはんいか、どうか」というヒントを伝えた場合の、脳の活動を調べてみました。

テストが返ってきた場合でいうと、それぞれが、「答えが合っていたか、まちがえたか、だけを気にした」ときと、「まちがえた問題のヒントを聞いて、なぜまちがえたのかを考えた」ときにあたります。

86ページに実験のやり方を説明してありますから、みなさんもやってみてください。実験は簡単《かんたん》でも、目をつぶって10センチちょうどの線を正確《せいかく》に引くのは、とてもむずかしいですね。

次のページの図を見てください。ヒントを伝えたときのほうが、脳の多くの場所が活動していました。とくに活発なのは、右側の前頭前野《ぜんとうぜんや》です。前頭前野は、ものごとを考えたりするときに働く場所ですから、ヒントを聞いて、なんとか10センチちょうどの線

を引こうと、努力や工夫をしていることがわかります。

　ですから、ふだんの勉強でも、まちがいを正すヒントをしっかり聞いて、積極的に考えるようにすれば、脳《のう》、その中でもとくに前頭前野《ぜんとうぜんや》がよく働くのです。

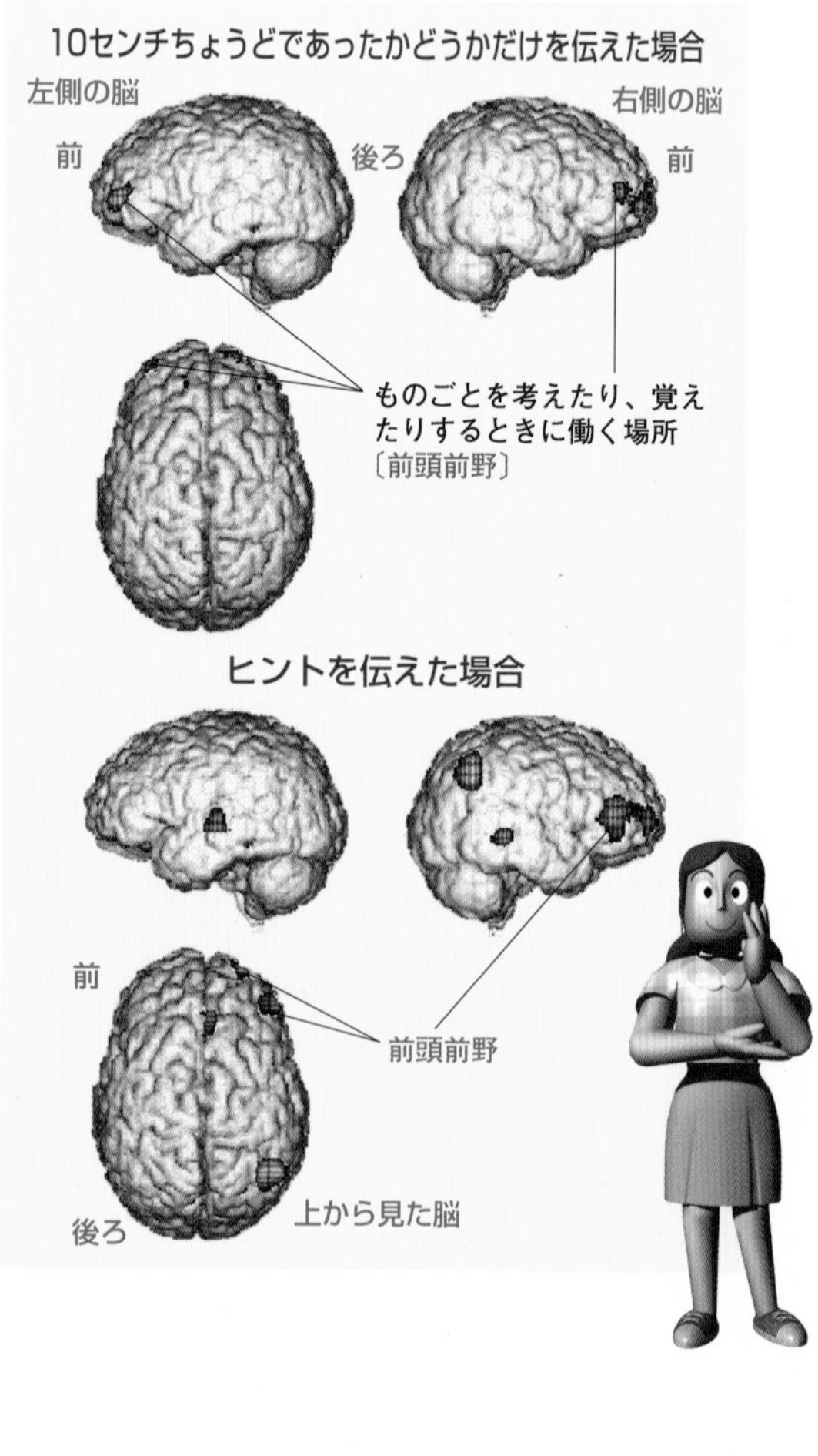
10センチちょうどであったかどうかだけを伝えた場合
左側の脳
右側の脳
前
後ろ
前
ものごとを考えたり、覚えたりするときに働く場所〔前頭前野〕
ヒントを伝えた場合
前
前頭前野
後ろ
上から見た脳

よい脳《のう》をつくる、じょうずな勉強方法

　この章のまとめとして、みなさんがいちばん知りたがっている〝たくましくて、よりよい脳をつくるための勉強方法〟について、これまでにわかっている脳科学《のうかがく》の実験と研究の結果をもとに、整理しておきましょう。

（1）勉強を始める前に

①おなかをすかした状態《じょうたい》はさけよう

みなさんが食べたごはんやパンは、消化《しょうか》吸収《きゅうしゅう》されて、最後はブドウ糖《とう》という糖の形で、体の細胞《さいぼう》で利用されます。このブドウ糖が、どこで、どれだけ使われているのかをくわしく調べると、脳がいちばんのくいしんぼうだ、ということがわかります。

じつは、脳の細胞は、ブドウ糖と酸素《さんそ》だけしか、エネルギーとして使うことができません。ブドウ糖がじゅうぶんでないと、脳は活発には働かないし、ブドウ糖が行かないようになると、あっという間に死んでしまうのです。

だから、勉強する前には、ごはんをしっかり食べるようにしましょう。もちろん、食後すぐに始めたり、食べすぎは禁物《きんもつ》。食後三十分は、消化を助けるために、体を休めることをおすすめします。学校の昼休みでも、昼食を食べおわったら、すぐに遊ばないで、少しでも休けいをとるのがいいです。

②集中できる環境《かんきょう》をつくろう

38ページで、会話が聞こえてくると、脳の多くの場所が働くので、ラジオやテレビをつけながらの勉強がよくないことをお話ししましたね。このとき、脳は、勉強のためにだけ働けなくて、困《こま》っているのです。

また、明日の授業《じゅぎょう》の準備《じゅんび》とか、ほかに気になることがあったら、それを先にかたづけて、安心して勉強できるようにするのがよいでしょう。

「勉強をするのだ」という積極的な気持ちで、勉強内容《ないよう》に集中すれば、脳《のう》は活発に活動します。

③毎日、よくねむるようにしよう

みなさんが「ねむいなー」と思っているとき、脳はつかれています。ですから、じゅうぶんにねて、つかれをとらないと、脳は活発には働けません。夜ふかしは、禁物《きんもつ》ですよ。

(2)勉強中

①勉強する内容をよく理解《りかい》し、整理しよう

新しい内容を勉強するときは、だれでも手探《てさぐ》りの状態《じょうたい》です。脳も、手探り状態です。このとき、脳の中ではいろいろな場所が活動して、脳の細胞《さいぼう》と細胞をつなぐ道すじをつくろうとしています。ここであきらめずに、毎日勉強を進めると、脳の中に、すいすいと勉強を進めることができる道すじができてきます。

時間がかかり、つらく感じるかもしれませんが、とにかく内容を理解して、問題解決《かいけつ》の方法を見つけだす努力を続けてください。

すでに勉強した内容との関連を考えて、整理してみるのも、一つの方法です。

②くりかえし勉強しよう

理解できただけでは、せっかくここまで勉強してきたことを、すぐに忘《わす》れてしまいます。同じ勉強を、何度もくりかえすことによって、脳の細胞と細胞をつなぐ道すじを太く、強くすることができて、勉強内容が身につきます。

③正しく、はやくできるまで勉強しよう

さらに、道すじを高速道路のように強化し、たくさんつくって、脳のいろいろな細胞どうしをつないでおけば、らくに、次の段階《だんかい》へ進めるようになります。

高速道路ができたかどうかは、勉強内容を正確《せいかく》にこなせるようになっただけでは、わかりません。「正しく」、そして「すばやく」こなせるようになったときに、高速道路ができたと、考えられます。

④いろいろなことを覚えよう

覚えるものによって、脳の中で記憶《きおく》をしまっておく場所はちがっています。ですから、さまざまなことを覚えると、脳のいろいろな場所が働くので、脳をバランスよく発達させることができます。暗記するということは、脳にとって、とても大切なのです。

そして、記憶しようとするときは、何度もくりかえして勉強してください。また、脳のいろいろな場所を同時に働かせて、覚えることに関連づけると、記憶しやすくなります。

⑤勉強に集中しよう

わたしは、ポケットの中に百円玉を入れて、どちら側に100という数字が書いてあるかを当てるときの、脳《のう》の働きを調べたことがあります。

みなさんも、やってみてください。百円玉をさわっているとき、どこを見ていましたか？　かべや天じょうをぼやーっと見た人が多くありませんか？　目を閉《と》じた人もいたのではないですか？

脳の中では、百円玉の表面をさわることに集中するため、目にしたものがなんであるかを調べる場所の活動を低下させていました。目を閉じたり、ぼやーっと見ていたのは、このせいです。

脳は、一つのことに集中すると、じゃまな部分の活動をおさえこむのです。ですから、勉強に集中すると、勉強はどんどんはかどることになります。

⑥毎日勉強しよう

よい脳をつくりあげるためには、脳をきたえないといけません。

ところで、体をきたえるには、どうすればいいでしょう？　毎日体を動かす運動をし、毎日しっかりごはんを食べることで、たくましい体ができあがりますね。

脳の場合も同じです。脳にとっての毎日の運動とごはんは、勉強です。

毎日しっかりと勉強することで、脳にごはんを食べさせ、いろいろな部分を動かし、たくましくて、よく働く脳をつくっていきましょう。

頭の中に道具をつくる

ここまで読みすすんできた読者のみなさんの中には、

「なーんだ。たくましくて、よい脳をつくる、じょうずな勉強方法というのは、けっきょく、毎日、毎日勉強することなのか……。もっとらくで、いい方法があるのかと期待したのに……。がっかりだ」

と、思った人も多いことでしょう。

でも、いろいろな実験でお見せしてきたように、これは、最新の脳科学《のうかがく》が解《と》きあかした事実です。

わたしは、「脳の中に高速道路をいっぱいつくっておこう」と、何度もいってきました。これは、いいかえれば「頭の中に、ものごとを考え、解決《かいけつ》し、道を切りひらいていくときに必要な道具をつくる」ということです。

でも、道具があるだけではだめです。それをじょうずに使えなくては、意味がありません。それには、どうしたらいいのでしょうか？　わたしの体験から考えたことをお話しします。

わたしは、小学校の一年から三年まで、群馬県《ぐんまけん》の前橋市《まえばしし》で過《す》ごしました。近くに川があったので、魚をとったり、泳いだりできました。流されて、おぼれて死にそうになったことも、何度かあります。大人になってから、どんなところだったのかなと訪《たず》ねてみたら、じつは小さな川だったのですが……。

たんぼでは、どじょうをつかまえたり、稲《いね》かりが終わったら草野球をしました。くわという木の実や、はちの幼虫《ようちゅう》をとって食べたりと、とにかく自然の中で、小学生から中学生までが、いっしょになって遊んでいました。

わたしは、こういった遊びが、頭の中にできた道具をじょうずに使えるようにしてくれるのだと思います。いろいろな状況《じょうきょう》に対して、どうすればいいかを、友だちと考えながら遊ぶ。自然にあるものを工夫して、遊びの道具にする。自分たちで新しい遊びを考えだす。体を動かす。

コンピュータゲームのように、あたえられたものを、ひとりでするような遊びではだめです。いろいろな人とたくさん遊んで、いろいろな経験《けいけん》を積みかさねることが大切なのです。

このことは、まだ脳《のう》の研究からは明らかにできていませんが、近いうちに実験で、まちがっていないことを解明《かいめい》してみせますからね。

勉強がつらくなったときは

頭の中に道具をいっぱいつくっておくこと、そして、それをじょうずに使う方法を身につけること。学校での勉強や生活は、そのために必要な最低限《さいていげん》のことで組みたてられています。

大人たちが、みなさんに向かって「勉強しろ」とうるさくいうのは、成功した自信や、失敗した後悔《こうかい》など、自分たちの経験から、勉強の大切さを、きっと強く感じているからです。

もし、文章を音読したり、単純《たんじゅん》な計算をしても、脳が働かないようだったら、

「勉強って、いったいなに？」

となりますね。でも、実際《じっさい》には活発に働いていました。勉強の大切さは、科学的に証《しょう》明《めい》されているのです。

みなさんも、勉強がつらくなったり、なんのために勉強するのか、と思ったときには、

「勉強すると、脳がいっぱい働く。それを何度もくりかえすことで、自分が生きていくときに、どこかできっと必要になる道具をつくっているんだ」

ということを、この本を読みなおして、確《たし》かめてみてください。

第4章のまとめ

- 何度も何度も学習をして、脳《のう》を活発に働かせることによって、細胞《さいぼう》と細胞の間に情報《じょうほう》を流すいちばん近い道すじができる。
- さらに学習をくりかえすことで、道すじが、太くてしっかりした高速道路になる。
- 脳の細胞と細胞をつなぐ高速道路をたくさんつくることが、よい脳をつくることになる。
- よい脳をつくるためには、毎日しっかり勉強して、脳を活発に働かせ、きたえることが大切である。
- よい脳をつくるということは、ものごとを考え、解決《かいけつ》していくための道具をつくるということである。そして、その道具をじょうずに使えるようになることが大切である。

脳《のう》のことを、もう少しくわしく知るために④

脳《のう》の細胞《さいぼう》と、情報《じょうほう》の伝わり方

この章の中で、わたしは脳《のう》の細胞《さいぼう》と情報《じょうほう》の伝わり方を、みなさんの身近なものにたとえて、説明しました。〝おにぎりのごはんつぶ〟は、「神経細胞《しんけいさいぼう》」といいます。そして〝教室で、みなさんがとなりの人とつないでいる手〟は、「神経《しんけい》線維《せんい》」といいます。ここで、少しくわしく説明しましょう。

神経細胞の数は、だいたい千数百億個《こ》もあって、神経細胞の一つ一つからは、いくつもの神経線維が出ています。この神経線維は、神経細胞からの情報を運ぶ、〝生きた電線〟です。この電線が複雑《ふくざつ》に組みあわさって、脳のネットワークをつくっています。じつは、脳の働きとは、神経線維という電線でつながった、たくさんの神経細胞の働きなのです。

実際《じっさい》、みなさんの脳の神経線維には、神経細胞から発生した弱い電気が流れています。ですから、みなさんの頭に電気を測《はか》る装置《そうち》をつけると、電気が流れているようすがわかるのですよ。

そして、神経線維から流れてきた電流が、次の神経細胞に伝わる場所をシナプスといいます。ここでは、次の神経細胞に、直接《ちょくせつ》電気が流れていくわけではありません。神経伝達物質《しんけいでんたつぶっしつ》とよばれる、さまざまな化学物質《かがくぶっしつ》の力を借りて、電流の情報を伝えます。小さな化学工場がたくさん、神経細胞にくっついていると思ってください。

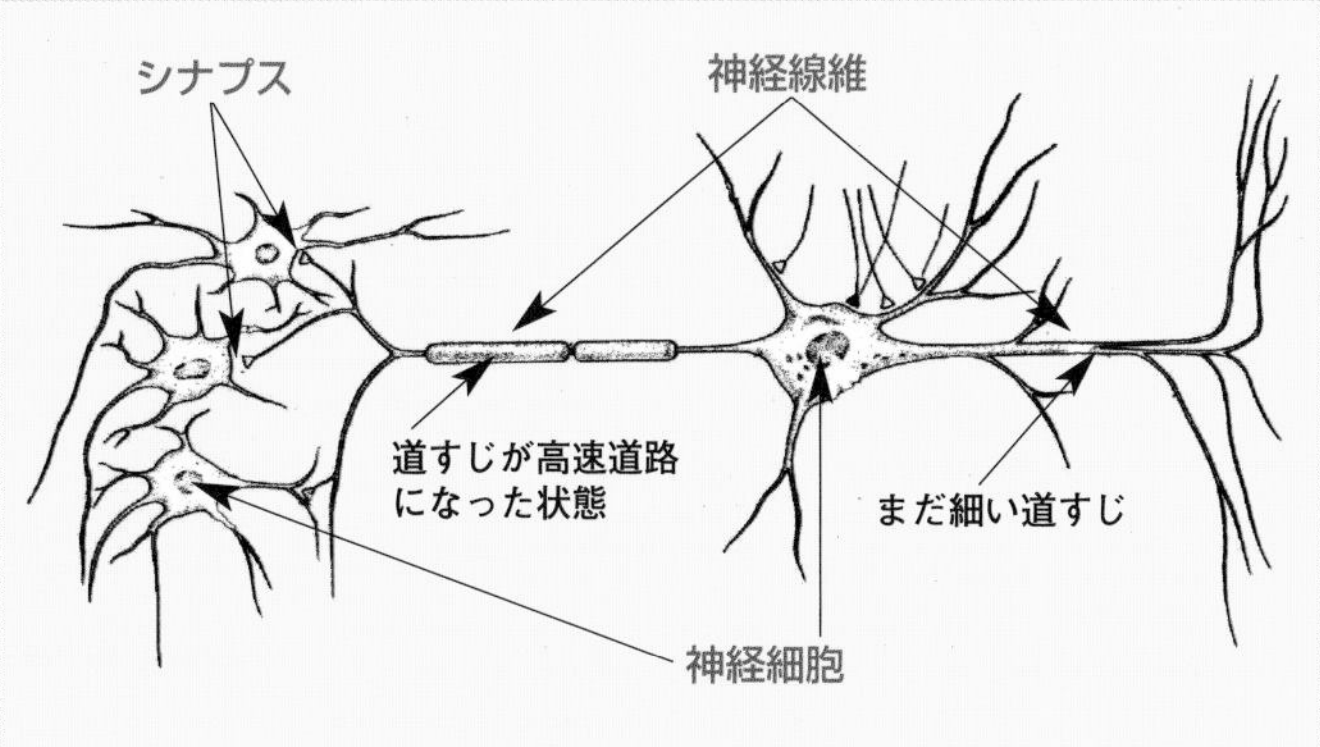
シナプス
神経線維
道すじが高速道路
になった状態
まだ細い道すじ
神経細胞

●やり方

1．この実験は、2人1組になってやります。方眼紙《ほうがんし》（グラフ用紙）とえんぴつを用意してください。
2．方眼紙の上に、10センチの間をあけて左右に、たてに2本の線を引いておきます。左側がスタートの線、右側がゴールの線になります。
3．1人が目をつぶって、えんぴつを持ちます。もう1人が、スタートの線の上まで、えんぴつを持っていってあげましょう。
4．10センチちょうどになるよう、線を引いてみましょう。もう1人が、最初のうちは「10センチちょうどであったか、どうか」だけを教えてあげます。
5．およそ2分間ほど続けたら、今度は方眼のめもりを読んで、「10センチプラスマイナス5ミリのはんいか、どうか」を教えてあげます。
6．およそ、2分間ほどやってください。うまく引けましたか？

やってみよう④

このページでは、わたしがやった実験を、みなさんも実際《じっさい》に試してみることができます。機械で調べることはできませんが、みなさんの脳《のう》も、76ページの図のように活動しています。

実験―目をつぶって、10センチちょうどの線を引く

実際に線を引いてみた結果

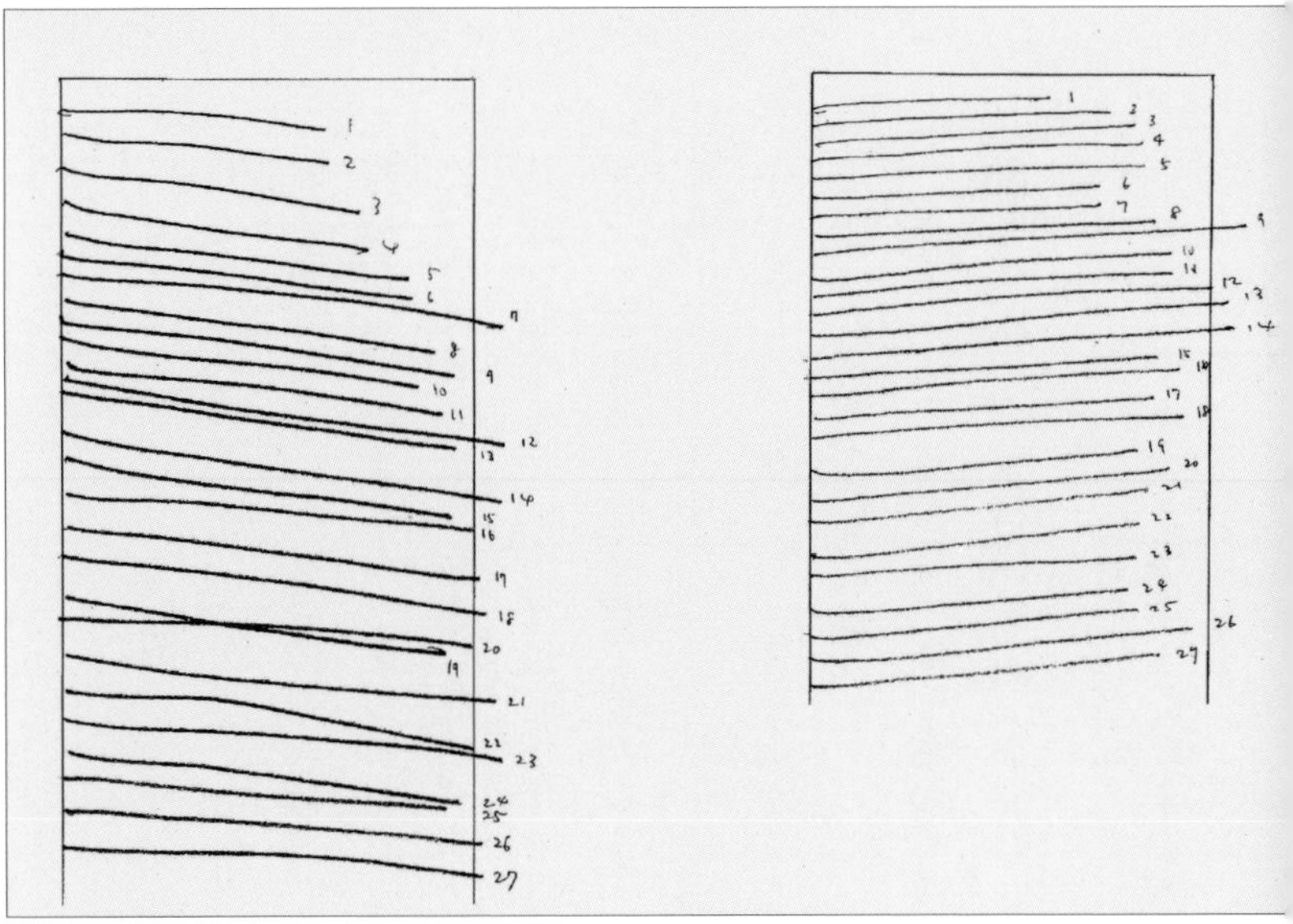

第5章

脳《のう》が体を動かしている

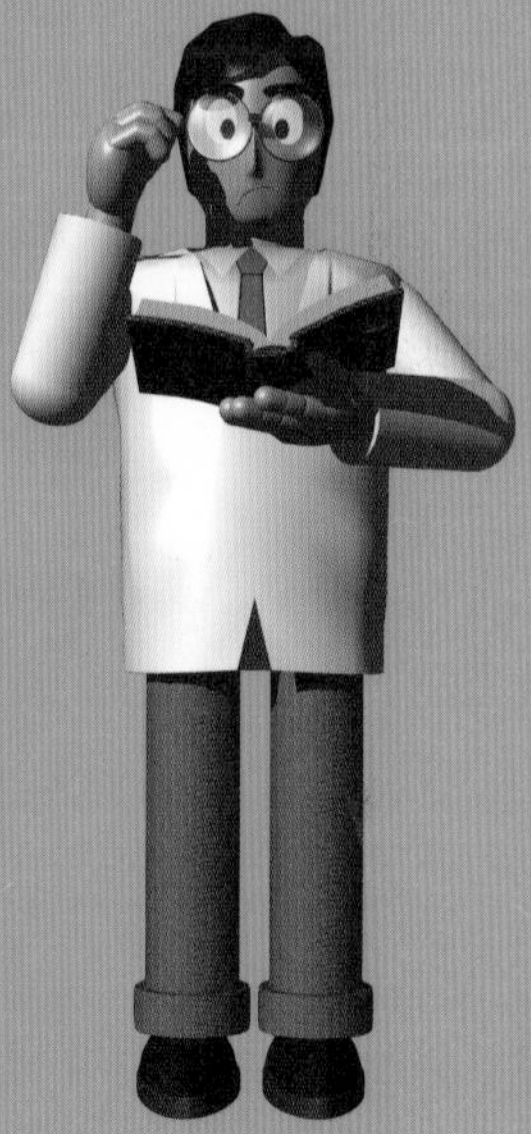

みなさんは、スポーツが好きですか？　なにか、打ちこんでいるスポーツはありますか？

わたしは、スポーツが大好きです。小さいころから、川で水泳をしたり、稲《いね》かりが終わったあとのたんぼで草野球をしていました。父といっしょに、テニスも楽しみました。クラブ活動が始まると、小学校高学年ではソフトボール、中学校ではバレーボール、そして大学ではラグビーに熱中しました。今でも、体を動かすことが、とにかく好きです。

さて、この章では、体を動かす運動と、脳《のう》の関係についてお話ししていきましょう。

ところでみなさんは、ここまで本

を読んでくるのに、ページを次つぎとめくってきました。これは、指や手、うでの運動ですね。そして、書かれている文字を追って、目を動かしてきました。これも、目の運動ですね。

では、そのような運動をするときに、なにかとくべつなことをしたり、たいへんな思いをしましたか？

たぶん、そんなことはなく、自然にやってきたのではないでしょうか。

ところが、わたしたちが簡単《かんたん》だと思うこのような運動をするときでも、脳は、ものすごい量の作業をおこなう、たいへんな働き者です。

そして運動といえば、指先をよく使う運動をすると頭がよくなる、という話を聞いたことはありませんか？　ほんとうに、そうなのでしょうか？

また、右利《き》きと左利きでは、脳の働き方がちがうのでしょうか？

さあ、実験によって、解《と》きあかしていきましょう。

体を動かす脳《のう》のしくみ

まず、わたしたちが体を動かすときに、脳がどのように働いているのかを見ていきましょう。ここでは、みなさんが本を読んでいて、次のページをめくるときのことを考え

てみます。

今、みなさんの手には、この本が開かれていて、目はページの中の文字や図を見ています。

目に映《うつ》った映像《えいぞう》は、まず脳《のう》の後ろにある「目にしたものが、なんであるかを調べる場所」〈①〉に送られます。そして、その内容《ないよう》をさらに細かく調べる作業をおこなうために、二つの場所へと送られていきます。

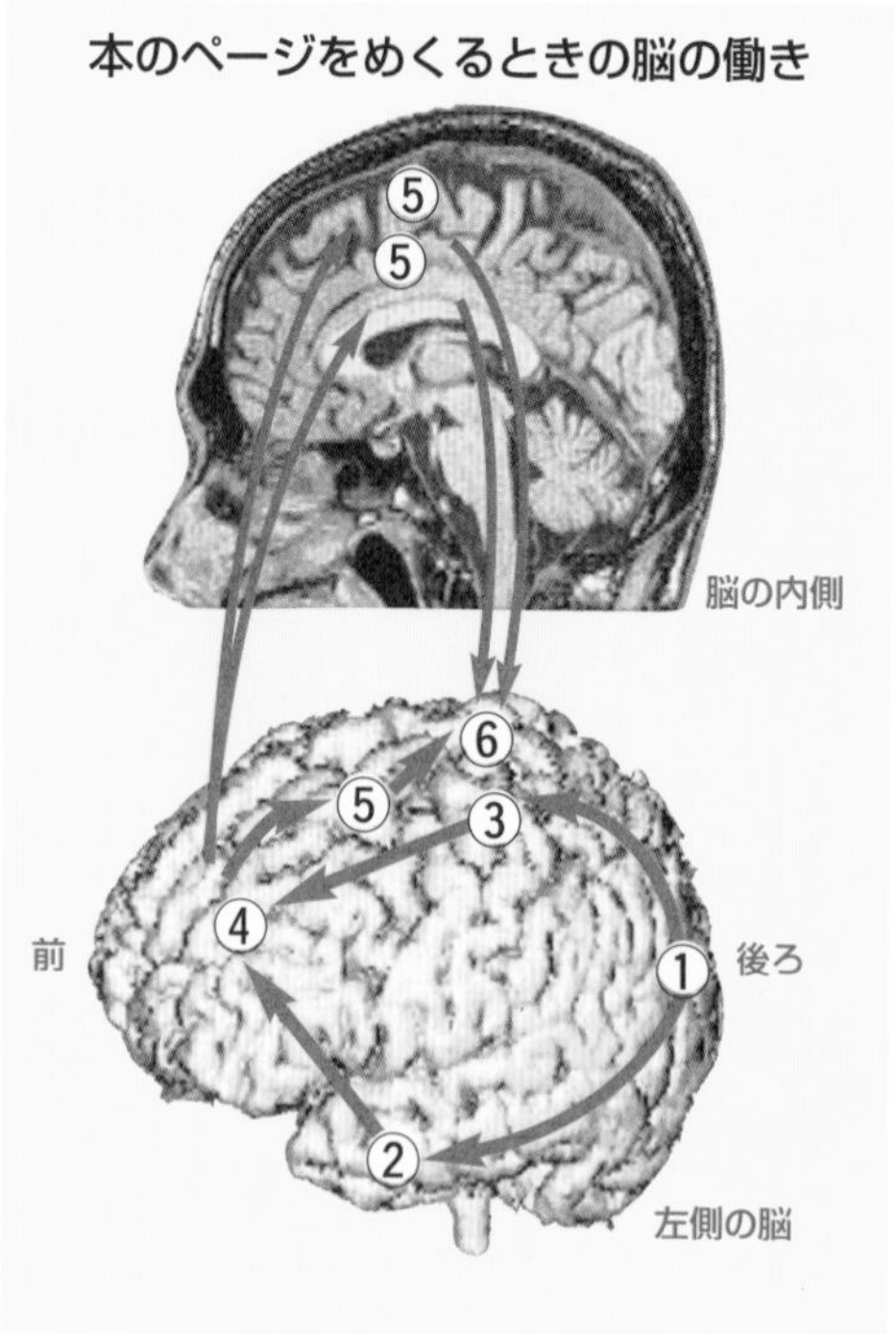

脳の後ろのほうから、矢印の一本が、脳の横のほうに向かっていますね。矢印がさしているあたり〈②〉では、「これは本である」とか「字が書いてある」など、目にしたものの形を調べます。
もう一本の矢印は、脳のてっぺんのほうへ向かっています。矢印がさしているあたり〈③〉では、「本が、どこに、どのように置かれている」など、自分の体を中心にした本の位置を調べます。

これらの情報《じょうほう》は、次に、前頭前野《ぜんとうぜんや》〈④〉に送られます。脳の中で、もっとも高度な働きをする場所です。ここでは、本のページをめくろう、という気持ちがくわわります。そして、それを実行するための命令が、さらに次の場所へと送られていきます。

〈⑤〉では、本をめくるための、具体的な指令がつくられます。文字を読んでいくスピードや、本の位置など、目から入ってくる映像などをもとにして、どのような運動を、どの順番で、どういうタイミングですればいいのか、そしてどの筋肉《きんにく》をどう動かすのかといった、やり方や手順が組みたてられていくのです。

そして最後に、その指令が、体の筋肉を動かす命令をする細胞《さいぼう》がならんでいる場所〈⑥〉に送られます。この細胞は、うでや手、指の筋肉に向かって、のびろ、縮《ちぢ》めという命令を、指令のとおりに出していくのです。

さらに、今やっている運動がスムーズに、うまくできているかどうかは、うでや手、指などにそれを感じるしくみがあって、そこで、たえずチェックしています。うまくいっていないことがわかると、すぐに指令を直します。

どうですか?　脳がものすごい量の作業をしていることがわかりますね。

これでは、脳がわたしたちの体の中で、いちばんのくいしんぼうだということにも、うなずけます。

そして、最新のコンピュータが脳《のう》として使われているロボットでさえも、わたしたちと同じような運動をすることは、まだできません。わたしたちの脳は、最新のコンピュータよりも、ずっとずっとすばらしいものなのです。

世界中のとても優秀《ゆうしゅう》なコンピュータをよせ集めてきても、わたしたちの脳には、とうていかなわないでしょう。

利《き》き手とは、なんだろう?

あなたは、ボールを右手で投げますか、左手で投げますか? 両方の手で投げられる人はいませんか?

えんぴつは右手で持ちますか、左手で持ちますか? えんぴつは右手で持つけれど、はしは左手で持つという人もいるのではないでしょうか。

手を使って、なにか作業をするときに、よく使うほうの手を利《き》き手といいます。ここで、「エジンバラ式利《き》き手調査表《ちょうさひょう》」を使って、みなさんの利き手を調べてみましょう。

それでは、調査表の1から10の項目《こうもく》に答えて、説明にしたがい、利き手率《りつ》を計算してみてください。

エジンバラ式利《き》き手調査表《ちょうさひょう》と、利《き》き手率《りつ》の出し方

	右	左
1. 文字を書く		
2. 図形や絵をかく		
3. ボールを投げる		
4. はさみを使う		
5. 歯ブラシを使う		
6. ナイフやほうちょうを使う		
7. スプーンを使う		
8. マッチを使うとき、マッチぼうを持つ		
9. 両手でほうきを持つときに、上になる		
10. はこのふたを開けるとき、ふたを持つ		

①あなたが上の表の1から10のことをするときに、どちらの手を使うかを、十のマークで記入していきます。
②まず、ふだん使うほうの手の側に、十をつけてください。
③次に、反対の手を使うことがある場合は、そちら側にも十をつけてください。たとえば、文字を書くとき、両手を使うことがある人は、右に十、左に十となります。
④反対の手を使わない場合は、ふだん使うほうに、もう1つ十をつけてください。たとえば、文字を書くとき、右手しか使わない人は、右に十十になります。
⑤十の1つを1点として、右の合計点と左の合計点を出してください。
⑥合計点をもとに、次の式で、利《き》き手率《りつ》を計算します。
利き手率（%）
＝(右の合計点−左の合計点)÷(両方の合計点)×100

利き手率がプラスの人が右利き、マイナスの人が左利きです。そして、プラスの数字が大きいほど強い右利き、マイナスの数字が大きいほど強い左利きとなります。

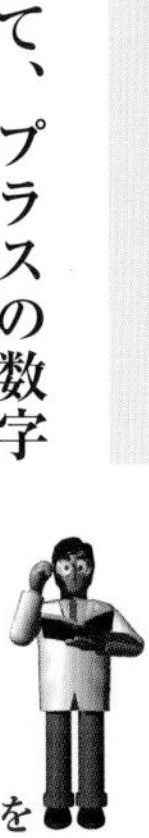

ですから、完全な右利《き》きの人は、利き手率《りつ》がプラス100％に、完全な左利きの人は、マイナス100％になります。マイナス50％からプラス50％の間の人は、両手利きといえます。

あなたは、どうでしたか？

現在《げんざい》、世界中の人のおよそ十人に一人が、左利きといわれています。そして、この割《わり》合《あい》は、国や文化、人種によるちがいがありません。さらにおもしろいことに、大昔にかかれた絵の線の引き方や、石器の形を調べると、そのころから、この割合が変わっていないことがわかります。

じつは、なぜ人に利き手があるのか、どうして右利きと左利きの割合が一定なのか、ほんとうの理由は、まだわかっていません。これは、大きななぞです。

そこでわたしは、利き手と脳の関係を調べると、なにか新しいことがわかるのではと思い、実験をしてみることにしました。

実験　右手と左手を、開いたり閉《と》じたりする

わたしは、利き手率100％で、完全な右利きです。そのわたしが、右手を開いたり閉《と》じたりしているときと、左手を同じように動かしているときの大脳《だいのう》のようすを調べてみました。

まず、利き手の右手を動かしているときには、左側の大脳の、筋《きん》肉《にく》を動かす命令をする場所だけが活動しています。たとえば、右利きの人なら、右手を動かしながら、左手で、おでこの左側の少し後ろあたりをおさえてみてください。左手でおさえたあたりの大脳から出る命令で、右手が動いているのですよ。

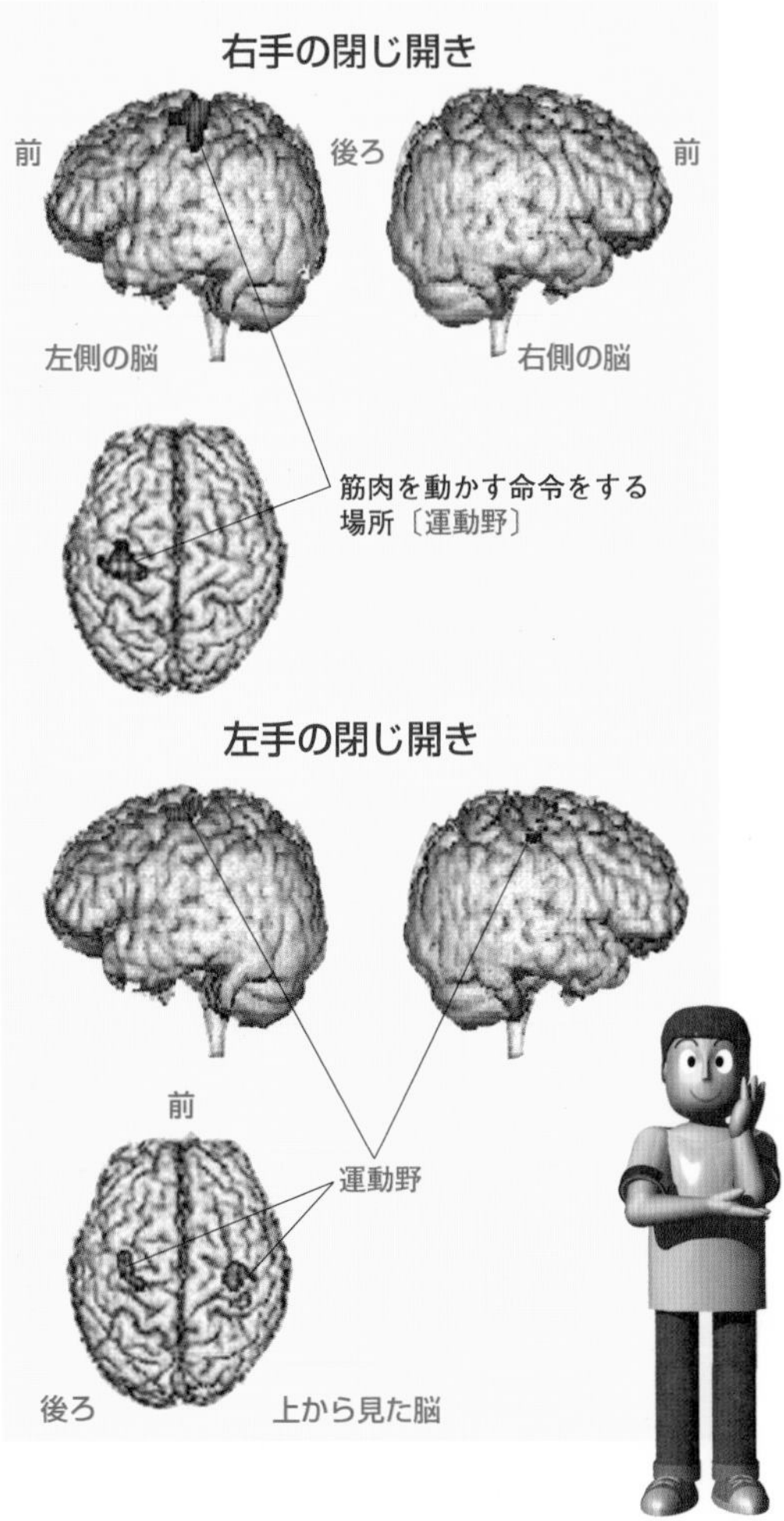

右手の閉じ開き
前
後ろ
前
左側の脳
右側の脳
筋肉を動かす命令をする
場所〔運動野〕
左手の閉じ開き
前
運動野
後ろ
上から見た脳

　このように、動かす手の指と、命令を出す大脳の左右がぎゃくであることは、前から知られていて、いろいろな本にも書かれています。片方《かたほう》の手を動かすときは、反対側の大脳が活動すると、いわれてきました。

　ところが、利き手ではない左手を動かしているときには、右側の大脳だけでなく、左

側の、筋肉《きんにく》を動かす命令をする場所までもが活動しています。片手《かたて》を動かすときに、両側の大脳《だいのう》の活動が必要になるとは、これまでどの本にも書かれていません。

これについて、わたしは、次のように考えています。

右利《き》きの人は、右手をよく使いますね。動かす手と、命令を出す大脳の左右はぎゃくですから、右利きの人の大脳は、その反対側の左のほうが、運動のコントロールを得意としています。

しかし、あまり使わない左手の運動をおこなうときに働く右側の大脳は、運動のコントロールがあまり得意ではありません。そこで、右側の大脳を、左側の大脳が手助けしているのです。

そしてわたしは、左利きの人にも、同じ実験をしてみました。

すると、たいへんおもしろい結果が出ました。左利きの人は、右手を動かすときも、左手を動かすときも、両側の大脳が活動することがわかったのです。つまり、左利きの人の大脳は、両利きだったのです。

ということは、左利きの人のほうが、運動に向いているのではないでしょうか？

そこで、プロ野球のピッチャーに、どのくらい左利きの人がいるかを調べてみました。わたしが大好きな読売ジャイアンツと、セ・リーグからもう一チームをえらんで、強い左利きと思われる左投げ・左打ちのピッチャーの割合《わりあい》を計算しました。なんと、およそ十人のうち三人が左利きでした。世界中では、十人に一人ですから、左利きが多いことがわかりますね。

どうやら、うでや手の細かい運動が必要な野球やテニスなどの球技《きゅうぎ》では、両側の大脳を運動のコントロールに使える左利きの人のほうが、得なのかもしれませんね。

細かい指の運動で、頭がよくなる？

みなさんが、毎日あたりまえのことのようにやっている、手の指を全部使って、物をつかむような単純《たんじゅん》な運動は、赤ちゃんでも、サルでもできますね。

しかし、みなさんが、やはり毎日あたりまえのことのようにやっている、はしを使って小さなおかずを器用につまんだり、ボタンをかけたりするような複雑《ふくざつ》な手の指の運動は、じつはわたしたち人間にしかできません。そして人間でも、赤ちゃんはじょうずにできませんね。

もしかしたら、手の指の単純な運動と複雑な運動とでは、大脳の働きが大きくちがっている可能性《かのうせい》があります。

また、指先を使った複雑な運動をすると頭がよくなる、というような話がありますが、このこととなにか関係があるのでしょうか？

そこで、大脳《だいのう》の活動を調べて、くらべてみることにしました。

実験　手の指で、単純《たんじゅん》な運動と複雑《ふくざつ》な運動をする

実験したのは、右利《き》きの人です。単純《たんじゅん》な運動では、右手を開いたり閉《と》じたりしました。複雑《ふくざつ》な運動では、右手の中に直径3センチほどの小さな玉を二つ持って、これを指を使ってくるくると回しました。

実験の結果、単純な運動では、左側の大脳の、筋肉《きんにく》を動かす命令をする場所だけが活動

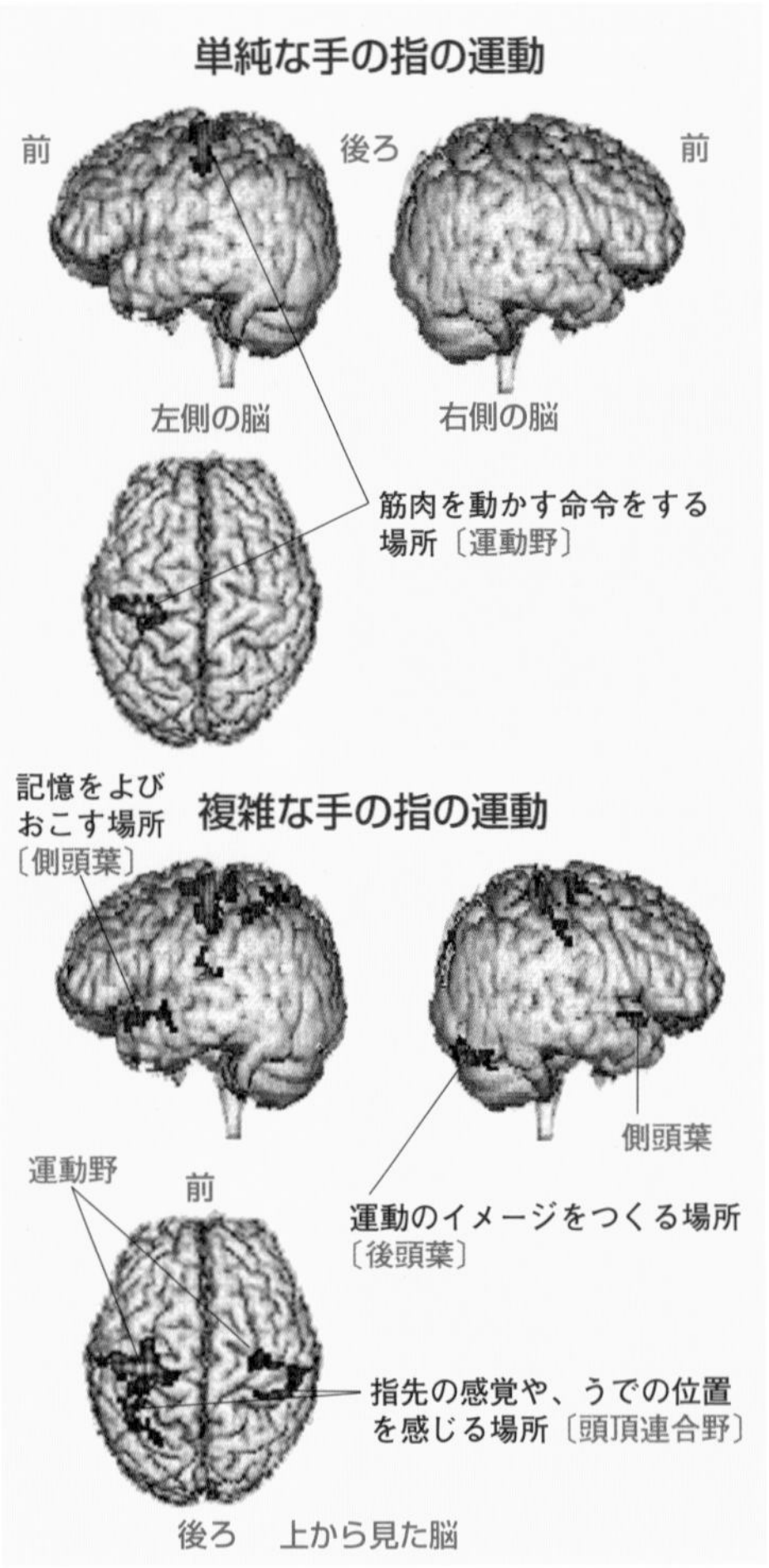

単純な手の指の運動
前
後ろ
前
左側の脳
右側の脳
筋肉を動かす命令をする場所〔運動野〕
記憶をよびおこす場所〔側頭葉〕
複雑な手の指の運動
側頭葉
運動野
前
運動のイメージをつくる場所〔後頭葉〕
指先の感覚や、うでの位置を感じる場所〔頭頂連合野〕
後ろ
上から見た脳

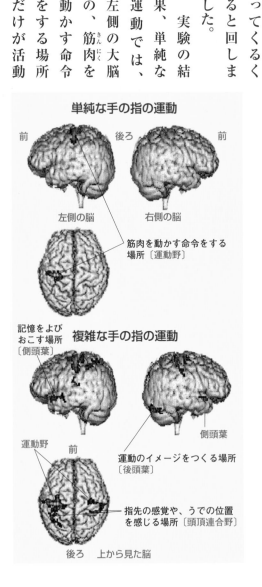

していま す。これは、右利きの人が、利き手の右手を動かすとき、反対の左側の大脳が活動する、ということですね。

ところが複雑な運動では、筋肉を動かす命令をする場所が、左側の大脳で大きくなっただけではなく、動かす手と同じ右側の大脳でも活動しています。さらに、それ以外のいろいろな場所も活動しています。

このように、複雑な手の指の運動をするときは、単純な運動のときにくらべて、大脳のいろいろな場所が活発に働きます。しかし、〝頭のよさ〟と大きく関係していると思われる前頭《ぜんとう》前野《ぜんや》は、活動していませんでした。

実験 手の指やはしで、ものをつまむ

次のページの図は、右利きの九人の大学生が、右手を使ったときの結果をまとめたものです。

ものをつまむときにも、手を開いたり閉じたりする単純な運動とくらべて、多くの場所が活動していますね。さらに、はしなどの道具を使うと、右側にも活動が広がっています。

このときも、〝頭のよさ〟と大きく関係していると思われる前頭前野は働いていません。

「指先を使って複雑《ふくざつ》な運動をすると、頭がよくなる」とは、残念ながらいえそうにありません。頭をよくするのは、やはり毎日の勉強だ、ということですね。

ただ、大脳《だいのう》の働きは活発になりますから、食事のときはスプーンやフォークよりも、はしを使うほうがよいといえます。

また、授業中《じゅぎょうちゅう》にねむくなったり、テストで問題に集中できないときは、指先を使う、ちょっと複雑な運動をしてみるのもいいでしょう。たとえば、消しゴムを手のひらの上で回す、えんぴつを指先で回す、左右の手を組みあわせて指をいろいろに動かす、などです。

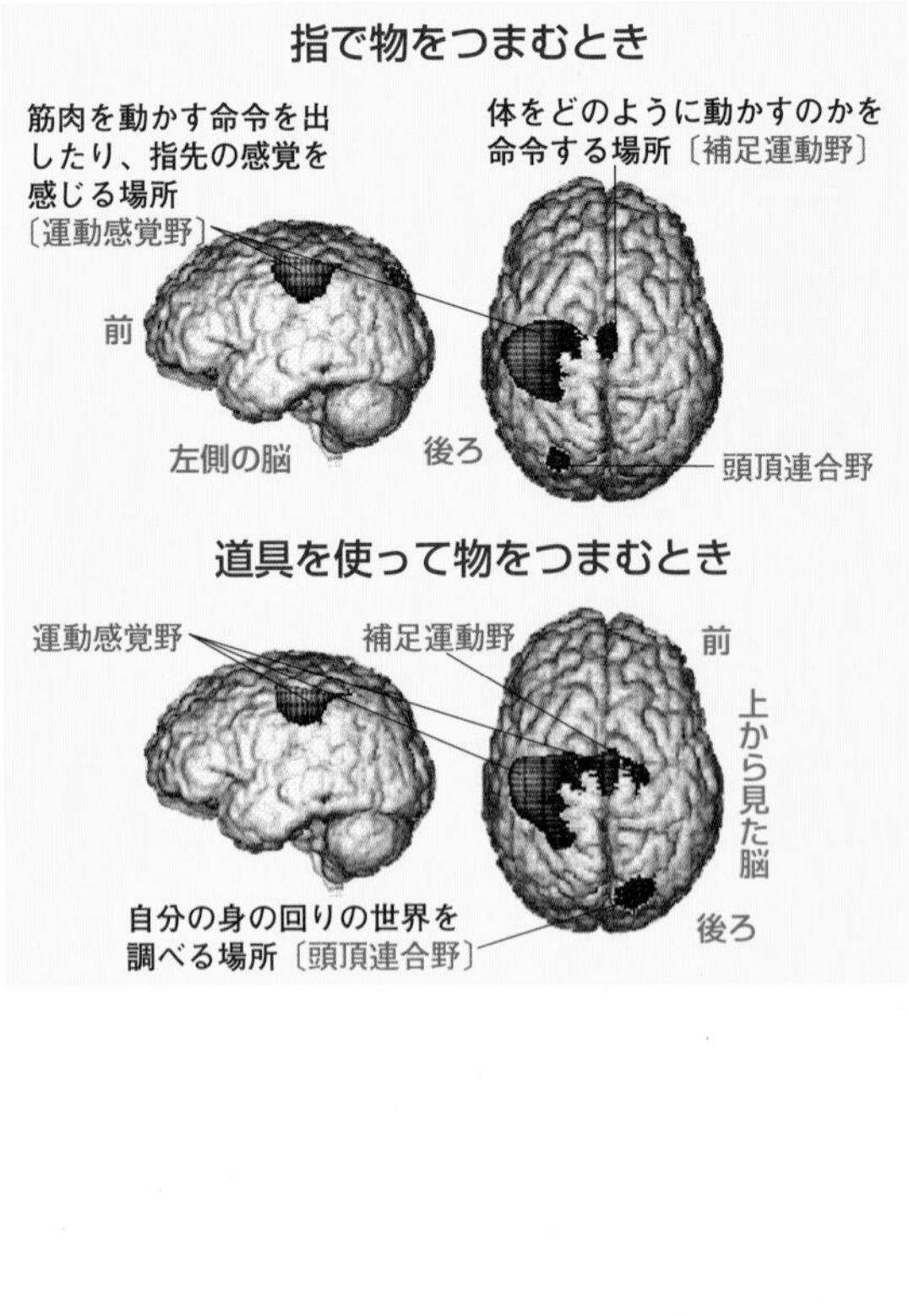

指で物をつまむとき
筋肉を動かす命令を出したり、指先の感覚を感じる場所〔運動感覚野〕
体をどのように動かすのかを命令する場所〔補足運動野〕
前
左側の脳
後ろ
頭頂連合野
道具を使って物をつまむとき
運動感覚野
補足運動野
前
上から見た脳
自分の身の回りの世界を調べる場所〔頭頂連合野〕
後ろ

わたしも、原稿《げんこう》や論文《ろんぶん》を書いていて考えにつまったり、会議中にねむたくなったりしたときにそうしていますが、大脳が活発に働いて、頭がさえてくるような感じがするからふしぎです。

さて、運動と大脳の働きについて、いろいろなお話をしてきましたが、いかがでしたか？

片方《かたほう》の手を動かすときに、両側の大脳が働くなんていう、今までは考えられていなかったようなことがわかりました。

また、まるで常識《じょうしき》のように「頭がよくなるから、指先を使う複雑な運動をたくさんしよう」といわれてきたことが、正しくない、ということもわかりました。

このように、最新の脳科学《のうかがく》は、脳《のう》の働きを、次つぎに解《と》きあかしているのです。

左右の手を組みあわせて、指をいろいろに動かす

第5章のまとめ

- 運動をするときも、脳《のう》はいろいろな場所が活動し、ものすごい量の作業をおこなう。
- 運動が複雑《ふくざつ》になったり、道具を使ったりすれば、脳の活動は、さらに広がる。
- 運動のみでは、前頭前野《ぜんとうぜんや》は働かない。「指先をよく使う運動をすると頭がよくなる」とはいえない。

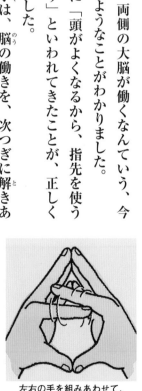

体を動かす、大脳《だいのう》以外の脳《のう》

この章では、わたしたちが体を動かすときに、大脳《だいのう》がどのように働くのかを説明してきました。その中で、〝運動がスムーズに、うまくできているかを感じるしくみがあり、そこでたえずチェックし、指令を直す〟といったことについて、少しお話しします。

細い平均台《へいきんだい》の上を歩くときを、思いだしてください。バランスをとるために、手や上半身をつねに、いろいろと動かしますね。これと同じで、ふだん、なにげなく運動をしているときも、じつは、わたしたちはバランスをとっています。そのために、いっしょうけんめい働いているのが、「基底核《きていかく》」と「小脳《しょうのう》」とよばれる部分です。

基底核は、大脳の深いところにあります。ここがこわれる病気にかかると、手足がかってにふるえたり、動きたいと思ったときに動けなくなったり、運動をとめることができなくなったりします。これは、神経細胞《しんけいさいぼう》から次の神経細胞へと情報《じょうほう》を伝える神経伝達物質《しんけいでんたつぶっしつ》の一つ、ドーパミンが少なくなるからです。ですから、基底核は、思ったとおりに運動を始めたり、やめたりするときに働く、ということがわかります。

小脳《しょうのう》は、大脳から筋肉《きんにく》へ出される命令を調節して、細かな運動がぎくしゃくしないようにしています。また、姿勢《しせい》を正しく保《たも》ち、バランスをとることにも、重要な働きをします。さらに、ピアノをひくときのような、両手を使った、スピードの速い連続した運動などにも、かかわっています。

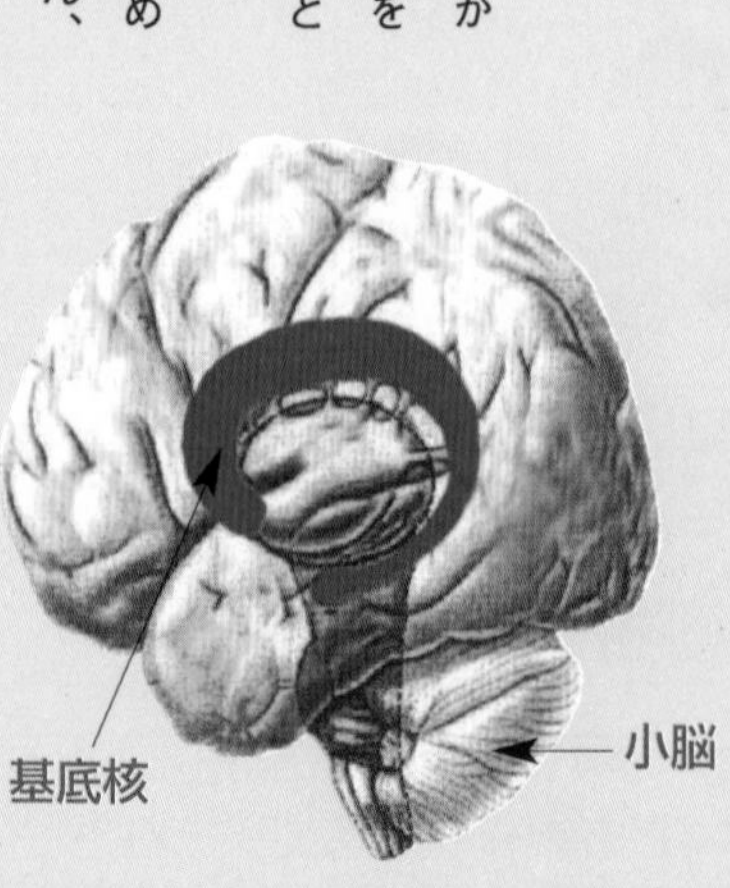

やってみよう⑤

このページでは、わたしがやった実験を、みなさんも実際《じっさい》に試してみることができます。機械で調べることはできませんが、みなさんの脳《のう》も、98ページや100ページの図のように活動しています。

実験―手の指で、単純《たんじゅん》な運動と複雑《ふくざつ》な運動をする

●やり方

1. まず、単純《たんじゅん》な運動です。右利《き》きの人は右手を、左利きの人は左手を、開いたり閉《と》じたりしてください。
2. 複雑《ふくざつ》な運動では、利き手に小さなボールを2つ持って、指でくるくると回してください。
3. ちょうどいい大きさのボールがないときは、消しゴムを手のひらの上で回したり、指先でえんぴつを回したりしてください。
4. はしを使って、そばにあるものを、いろいろとつまみあげてください。複雑な運動とはいっても、毎日やっていることなので、むずかしくないですね。

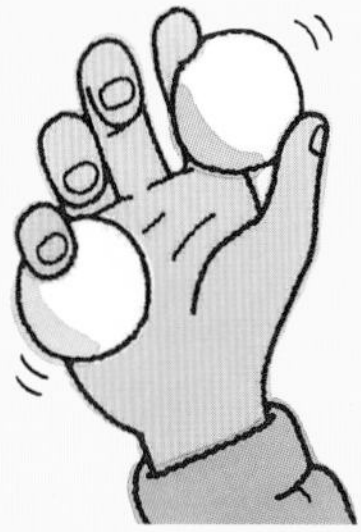

第6章

心も脳《のう》の中にある

ここまでは、文章を読んだり、ことばを聞いたり、勉強をしたり、体を動かしたりと、みなさんの生活の身近な場面で、脳《のう》がどのように働くのかを見てきました。わたしたちの行動は、脳がそうさせているのだ、ということがわかったと思います。

では、さまざまなことを感じたり、いろいろな気持ちがわきおこったりするような心の活動は、どうなのでしょうか？　また、人の気持ちをわかろうとするときや、自分を自分であると感じるときは、どうなのでしょうか？

やはり、いろいろな行動と同じように、心に関することも、脳の働きによるものなのでしょうか？

昔の人の中には、心臓《しんぞう》がとまると人間は死んでしまうから、心は心臓にあると考えた人たちがいました。また、体とは別の〝霊《れい》〟のようなものを想像《そうぞう》して、心はそこにあると考えた人たちもいました。

わたしは、心は脳の中にある、と考えています。つまり、心の活動も、脳がそうさせている、ということです。

それを確《たし》かめるために、わたしはいろいろな実験を進めています。そして、これまでに、心が脳の中にあることを示《しめ》す証拠《しょうこ》をいくつか発見したので、それをお見せしましょう。

ところで、このような研究は、まだ始まったばかりです。また、心の活動は、その人が育ってきたまわりのようすや経験《けいけん》などで、大きく変わると考えられています。ですから、もっとおおぜいの人の脳を調べて、脳科学《のうかがく》が発展《はってん》していくと、今とはまったくちがう結果が出るかもしれません。

そのようなことを、ちょっと頭のかたすみに置いておくようにしてください。

好ききらいの気持ちは、どこから出てくる?

みなさんは、食べ物の好ききらいがありますか?

おそらく、ほとんどの人に、絶対《ぜったい》食べたくない物があったり、反対に、毎日食べても

いい、というくらい好きな食べ物があったりすると思います。わたしは、おすしや焼肉が大好きで、レバーと酢《す》の物がきらいです。

こういう好きやきらいといった気持ちは、脳《のう》のどこが活動しているのでしょう?

実験　食べ物の写真を見て、好きか、きらいかを答える

二人の大学生に、好きな食べ物やきらいな食べ物の写真を見せたときの、脳の活動を調べました。

脳の図を見くらべてください。好きな気持ちときらいな気持ちとでは、脳のまったくちがう場所が活動します。どこが、いちばんちがっていますか?

ものごとを考える命令を出す前頭前野《ぜんとうぜんや》が、好きな食べ物を見たときには、活発に働いていますね。「お母さんが味付けする焼肉は、最高においしいな」とか「今日の夕食は、

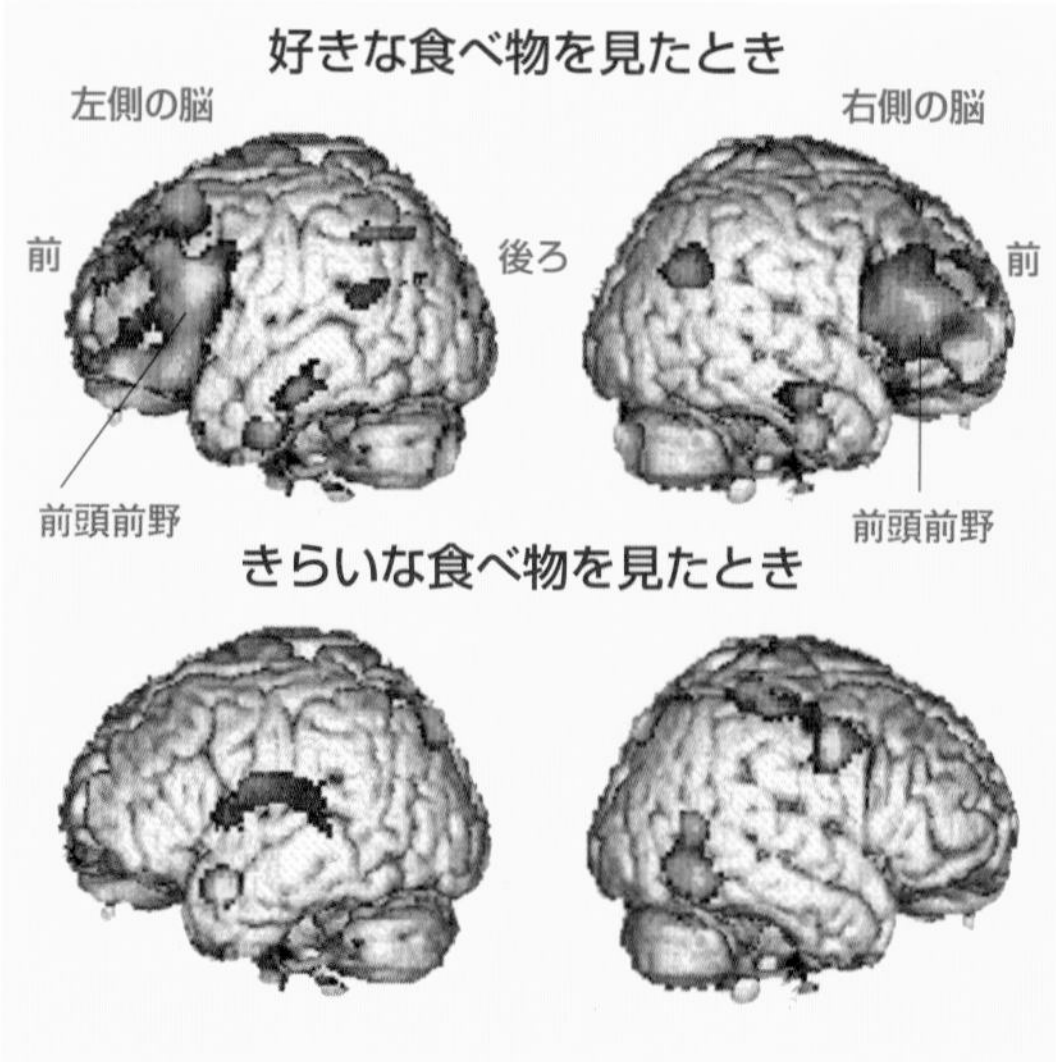

好きな食べ物を見たとき
左側の脳
右側の脳
前
後ろ
前
前頭前野
前頭前野
きらいな食べ物を見たとき

おすしだといいわ」とか、いろいろなことを考えながら、「これは、好きな食べものだ」と、答えているようですね。

いっぽう、きらいな食べ物を見たときには、前頭前野が活動していません。「きらいなものは、きらいなんだ」と、あまり考えることなく、ぱっ、ぱっと、答えているようです。きらいなもののことなんて、これっぽっちも考えたくなかったのかもしれません。

それでは、今度は食べ物ではなく、人を好きと感じたり、きらいと感じたりする気持ちは、どうなのでしょうか。

まず、四人の女子大学生にいろいろな男の人の写真を見せて、「この人、すてき」という好感がもてるか、もてないかを答えるときの、脳の活動を調べてみました。

すると、おもしろいことに、好感をもてると答えたときには、目にしたものがなんであるかを調べる場所が、活発に働いていました。好感をもてないと答えたときには、そこはまったく活動せずに、ことばの意味を理解《りかい》しようとするときに働く場所や、記憶《きおく》をよびおこす場所が働いていました。

「この人、好感がもてるわ」ということは、一目見ただけで、ぱっと決めているようです。はじめての人に会うときは、第一印象が意外と大切なのかもしれません。

今度は、六人の男子大学生に女の人の写真を見せて、同じように実験してみました。

好感がもてると答えたときには、本能《ほんのう》に関係のある場所が働きました。本能を脳の働

きで説明すると、生きるために必要な、食べることやねることなどについての命令を出したり、よろこびやかなしみ、いかりなどの気持ちをつくりだす、ということです。

いっぽう、好感をもてないと答えたときには、ものごとを考える命令を出す前頭前野《ぜんとうぜんや》が働いていていました。

このように、人の好ききらいを答えるとき、男の人と女の人では、脳《のう》のちがう場所が活動しています。

「この人が好き」というとき、男の人は本能《ほんのう》に、女の人は相手を見ることに重きを置いています。前頭前野を使っていませんから、食べ物の好きとちがって、あれこれと考えずに決めている、ということですね。

反対に、「きらい」というとき、男の人は前頭前野を、女の人はことばに関係のある場所を使って、あれこれと考えているようです。

同じ人間なのに、なんだかおもしろいですね。

相手の表情《ひょうじょう》を読みとる

わたしたちは、考えていることや感じたことを、おたがいに伝えあうときに、大きく分けて、二つの方法を使っています。

一つは、すぐにわかりますね。そう、ことばを使うコミュニケーションです。

会話を聞いて、なにをいっているのかをわかろうとしているときの脳の活動については、34ページで説明しました。

そしてもう一つは、顔の表情《ひょうじょう》やしぐさ、声の調子を使うコミュニケーションです。

たとえば、みなさんは、お父さんやお母さん、友だちの顔を見ただけで、おこっているのか、よろこんでいるのか、かなしんでいるのか、などがわかりますね。

また、話を聞いていて、声の調子がどなり声か、ねこなで声か、などでも、その人の気持ちがわかったりします。

ここでは、このようなコミュニケーションのときの、脳の活動について調べてみました。

実験 さまざまな表情《ひょうじょう》の顔の写真を見て、その人の気持ちをわかろうとする

協力してくれた人は、全員右利《き》きでした。右利きの人の場合、左側の前頭前野にことばをつくりだす場所があります。実験の結果、次のページの図のように、ちょうどその場所とはぎゃくにあたる、右側の前頭前野が活動していました。

そして、右利きの人が、声の調子だけから、相手の気持ちをわかろうとしているときの実験もやってみました。するとこのときも、右側の前頭前野の、同じ場所が活動して

いました。

このことから、右利《き》きの人の場合、ことばを使うコミュニケーションは左側の前頭前野《ぜんとうぜんや》を、ことばを使わないコミュニケーションは右側の前頭前野を使うことがはっきりわかりました。

人の気持ちをちっともわかってくれない右利きの人は、もしかしたら、右側の脳《のう》を使うのが苦手なのかもしれませんね。

自分って、なんだろう？

わたしは、「自分は自分であって、ほかの人とはぜんぜんちがう」、そして「自分自身のすべてのことは、ほかの人には絶対《ぜったい》にわからない」と思っています。みなさんは、どうですか？

ところで、自分とは、いったいなんなのでしょう？　みなさんは、そのようなことを考えたことはありませんか？

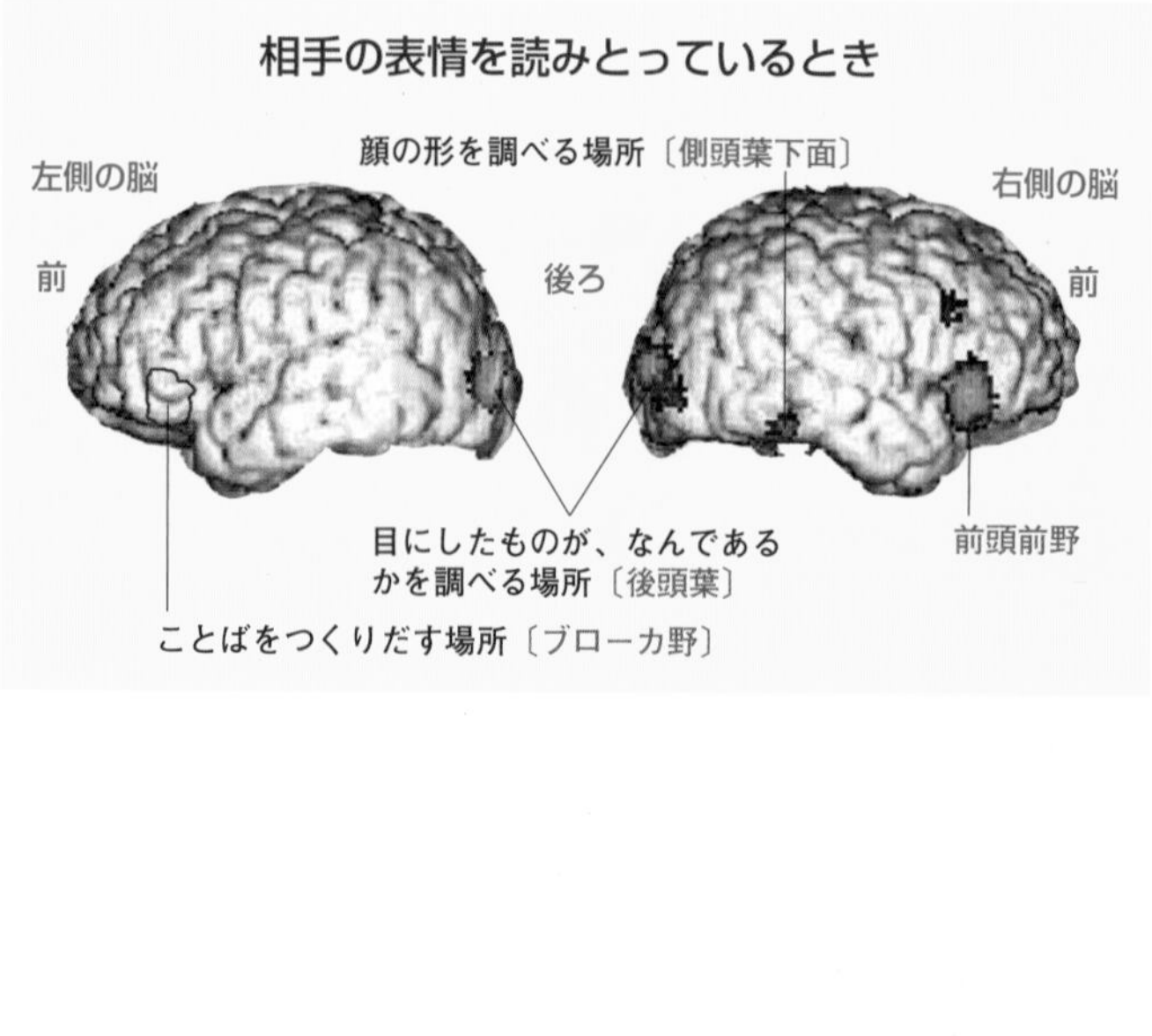
相手の表情を読みとっているとき
顔の形を調べる場所〔側頭葉下面〕
左側の脳
右側の脳
前
後ろ
前
目にしたものが、なんであるかを調べる場所〔後頭葉〕
前頭前野
ことばをつくりだす場所〔ブローカ野〕

わたしは、中学生のときに自分の身にふりかかったある出来事をきっかけにして、「自分とは、なんなのか？」という疑問《ぎもん》をもつようになりました。ある出来事とは……。

なにかにつけて、年齢《ねんれい》のわりに大人びていたわたしは、小学一年生のころから、好きな女の子がいました。三年生で群馬県《ぐんまけん》から千葉県《ちばけん》の小学校に転校したときも好きな子ができたし、中学校へ行ってからも好きな子がいました。

ところが中学二年生のときに、好きな女の子にふられてしまったのです。たまたま教室の席がとなりどうしになったりして、とても楽しくやっていたので、すごくショックでした。そのとき、いろいろなことを考えました。

家に帰って、独《ひと》りで部屋にいるときなどに、

「自分が好きだったあの子は、今、なにをしているのだろう？」

「あの子がそこにいると感じていたけれど、もしかしたら、すべてが自分の心の中での出来事だったのかもしれない」

「あの子の存在《そんざい》って、なんだったのだろう？　人の存在とは、なんなのだ？　自分の存在とは、なんなのだ？」

と、まあ、こんな具合です。

そして、人間はいつか必ず死に、自分という存在はなくなります。それがいやで、なにか防《ふせ》ぐ方法はないか、ということまで考えました。

そのとき、なにか直感的に、こう思いました。

「人は、見てきたこと、聞いてきたこと、勉強してきたこと、やってきたことなどが、一人一人ちがう。そして記憶《きおく》は、このような行動をもとにつくられるから、一人一人ちがうものになる。つまり、記憶が自分とほかの人を区別する材料になるはずだ」

「そうだとすると、自分の記憶をコンピュータに入れて、見たり聞いたりするしくみをつくれば、たとえ肉体はほろびても、電力がなくならないかぎり、いつまでも自分は存在《そんざい》できることになる。記憶は、頭の中にあるようだから、脳《のう》をコンピュータに移《うつ》す方法を考えればいいんだ」

こうして、高校生のころまでには、わたしの興味《きょうみ》は、脳にたどりつきました。失恋《しつれん》が、脳科学《のうかがく》へとつながっていったのです。

さて、自分とは、なんなのでしょう？

記憶《きおく》は、どこにある？

脳科学者《のうかがくしゃ》になったわたしは、これまでの研究から、〝「自分」というのは、自分を自分であると感じている心の活動、つまり脳の働きである〟と、考えています。

たとえば、ちょっと夢《ゆめ》のような話ですが、医学がどんどん発達して、みなさんの体に、わたし、川島隆太《かわしまりゅうた》の脳を移《うつ》しかえることができたら、どうなるでしょう?

体はあなたのものでも、手術《しゅじゅつ》の麻酔《ますい》から目覚めて名前を聞かれたら、「川島隆太です」と答えるでしょう。そして、まだ子どもの体をしたみなさんが、大学の研究室に行き、脳の研究をします。夜は、みなさんの家ではなく、わたしの家に帰ります。そして、ビールを飲みながらプロ野球を見て、みなさんと同じくらいの年齢《ねんれい》の息子たちに「勉強しなさい」と、しかることもあるでしょう。休みの日には、息子たちといっしょに、コンピューターゲームで遊んだりする……、このようなことになってしまいます。

では、自分を自分であると感じている心の活動とは、いったいどのようなものなのでしょう?

じつは、これが脳研究の大きな目標の一つで、そこまでたどりつくには、まだまだ時間がかかりそうです。

そして、その解明《かいめい》に向けた「かぎ」の一つが、記憶だと考えられています。

わたしが高校生のときに直感的に考えたことは、まちがっていませんでした。ただ、コンピュータにわたしの記憶を入れるだけでは、わたしではなく、たんなる〝記憶の貯《ちょ》蔵庫《ぞうこ》〟にすぎませんが……。そこには、なにか、複雑《ふくざつ》なしくみがありそうです。

でも、記憶が「大きなかぎ」であることには、ちがいありません。そこで、記憶についての脳の活動を調べました。

実験 写真を見て、それが知っている人の顔や風景かどうかを答える

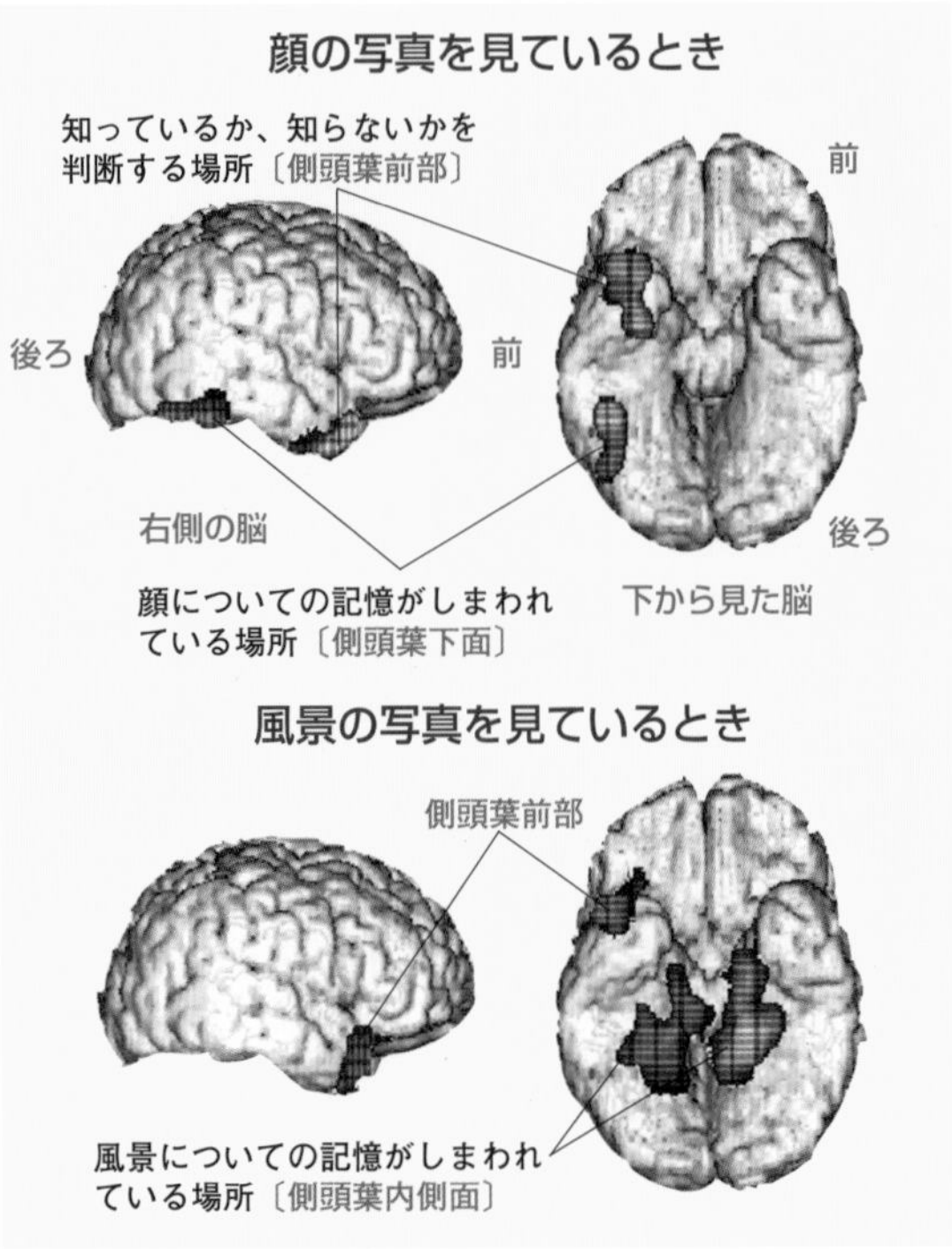
顔の写真を見ているとき
知っているか、知らないかを
判断する場所〔側頭葉前部〕
後ろ
前
右側の脳
前
後ろ
下から見た脳
顔についての記憶がしまわれ
ている場所〔側頭葉下面〕
風景の写真を見ているとき
側頭葉前部
風景についての記憶がしまわれ
ている場所〔側頭葉内側面〕

まず、見た写真が人の顔のときでも、風景のときでも、活動している部分があります。おそらくここで、知っているか、知らないかを判断《はんだん》しているのだと考えられます。

そして、顔についての記憶《きおく》も、風景についての記憶も、それらがしまわれている引き出しは、少し場所がずれてはいますが、大脳《だいのう》の下のほうにありました。ここは、目にしたものの形を調べる場所です。

また、ちがう実験で、動物、植物、そしてテレビやラジオなど身の回りにあるものの写真を見せて、その名前を思いだしているときの脳《のう》の活動を調べたことがあります。図

には、それぞれの記憶がしまわれている引き出しの場所を示《しめ》していますが、ちがったところにありますね。

動物や植物の名前を記憶している、脳の後ろのほうは、ものを見るときに働く場所です。

このように**記憶は、脳のいろいろな場所にしまわれていることがわかり**ました。そして、これらの場所から**記憶を取りだして使うときに、もっとも高度な働きをする前頭前野《ぜんとうぜんや》が活動すること**は、これまでに、多くの研究者の実験によって確《たし》かめられています。

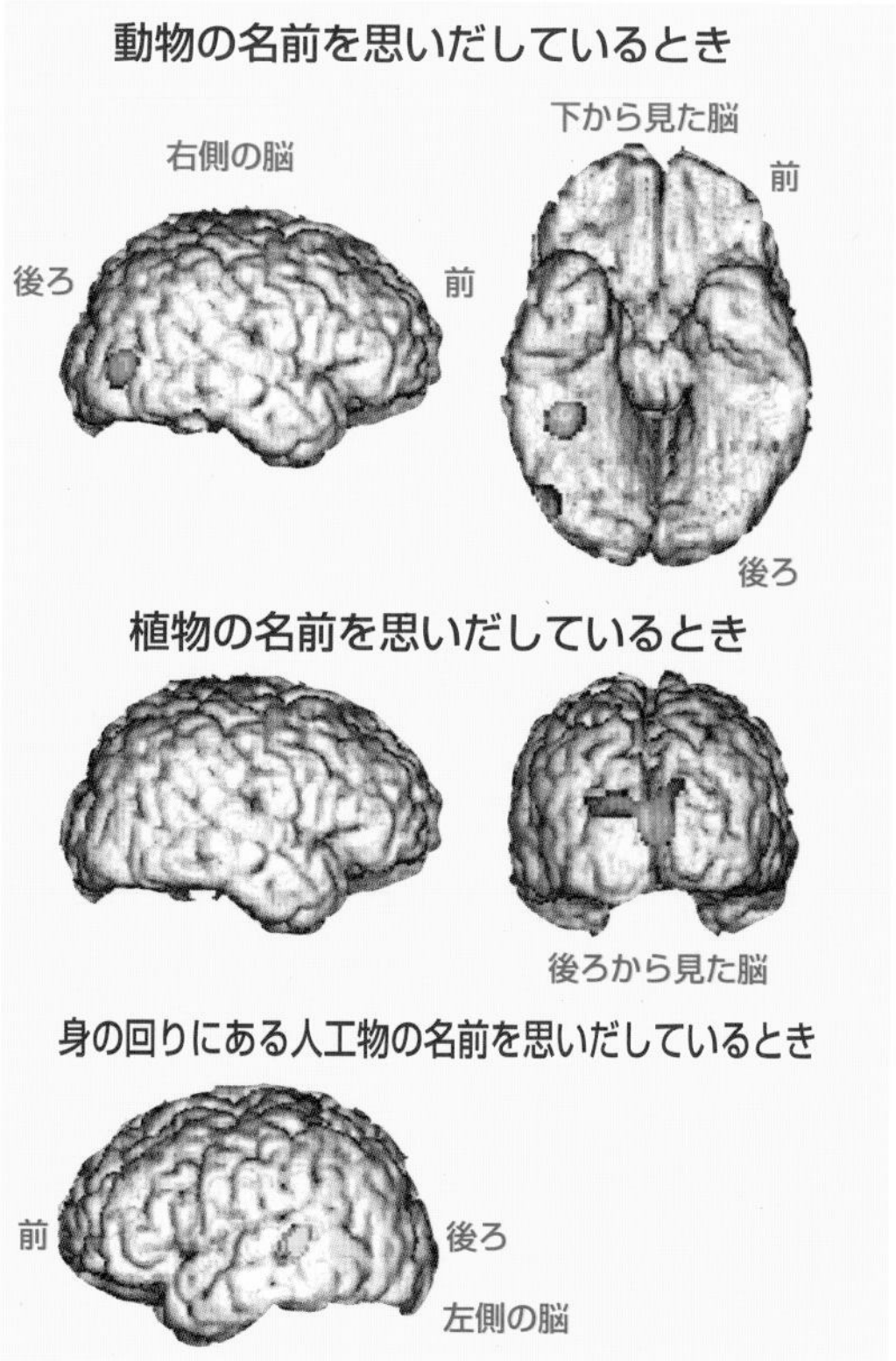

動物の名前を思いだしているとき
右側の脳
後ろ
前
下から見た脳
前
後ろ
植物の名前を思いだしているとき
後ろから見た脳
身の回りにある人工物の名前を思いだしているとき
前
後ろ
左側の脳

では、自分自身の顔についての記憶は、脳のどこにしまわれていると思いますか？

調べてみると、左側の大脳のおく深い場所に、引き出しがありました。そのあたりは、本能《ほんのう》に関係のある場所です。「人の好ききらい」についてのところでも説明しましたが、生きるために必要な、食べることやねることなどについての命令を出したり、よろこびやかなしみ、いかりなどの気持ちをつくりだす場所です。

ですから自分自身についての記憶《きおく》というのは、ほかの記憶などとはちがって、生きていくことに必要だったり、気持ちなどと深いつながりをもっている、と考えられます。

たとえばみなさんは、とてもうれしかったり、かなしい思いをしたときのことを、はっきりと覚えていたりしませんか?

わたしは、小学二年生のとき、石をバットで打っていたら、たまたま走ってきた車に飛びこんで、ひどくしかられたことや、友だちと公園でパンを食べようと楽しみにしていたら、パンを落としてしまって、とてもかなしい思いをしたことなどを、今でも覚えています。

記憶の内容《ないよう》は、覚えておく必要もないほど、どうでもいいようなことなのですが、よほどショックだったのですね。

このように、心の活動の研究も、少しずつ始まっています。心と脳《のう》の関係は、これからどんどん研究が進んでいくことになります。そして、今よりもっと進歩した、脳の活動を調べる機械が発明されると、心の活動が脳の中だけにあるのか、あるいは脳や体とは別の場所にもあるのかが、わかると思います。もしかしたら、〝霊《れい》〟の存在《そんざい》が、科学的に確《たし》かめられるかもしれませんよ。

第6章のまとめ

- 心の活動と脳《のう》の関係についての研究も始まっている。
- 心の活動も、脳によるものと考えられるが、これまでにおこなわれてきた実験はまだまだ少ない。これからの研究の積みかさねで、解明《かいめい》が進んでいく。

脳《のう》のことを、もう少しくわしく知るために⑥

大脳《だいのう》の深いところ

自分自身の顔についての記憶《きおく》は、左側の大脳《だいのう》の、おく深い場所にしまわれていましたね。そこは、脳科学《のうかがく》のことばで、「大脳辺縁系《だいのうへんえんけい》」とよばれる部分の一部です。そして、大脳辺縁系は、旧皮質《きゅうひしつ》とよばれる部分にあります。ところで、旧皮質とは、なんでしょう？

みなさんは、わたしたちヒトがサルから進化したものだ、と聞いたことはありませんか？　これは、進化論《しんかろん》とよばれています。生物はみな、同じ祖先《そせん》から進化をくりかえし、長い長い間に、いろいろな種類にわかれていきました。そして、カエルなどの両生類《りょうせいるい》、ヘビなどのは虫類《ちゅうるい》から進化したのが、サルなどのほ乳類《にゅうるい》と考えられています。これが正しいかどうか、たくさんの議論《ぎろん》がありますが、簡単《かんたん》にいうと、こうなります。

じつは、わたしたちの旧皮質と同じ働きをする大脳は、両生類やは虫類にもあります。ですから、わたしたちの遠い昔の祖先かもしれない動物たちがもっている大脳と同じ働きをする部分、ということで、古いという意味の〝旧《きゅう》〟という字がついているのです。自然の中で生きぬいていく動物の脳《のう》ですから、その働きは、食べる、ねるなど生きるためにどうしても必要な行動、子孫を残すための行動、敵《てき》と戦ったり、危険《きけん》にすばやく気づいて逃《に》げだす行動などです。

それにしても、わたしたちの脳の中に、両生類やは虫類と同じ脳があるなんて、ちょっとびっくりしますね。

では、〝旧〟とは反対の〝新〟をつけた新皮質《しんひしつ》とは、なんでしょう？　それは、わたしたちにより近い祖先である、ほ乳類などがもっている大脳と同じ働きをする部分のことで、大脳の表面の部分にあります。

じつは、本を読む、会話や音楽をきく、計算をする、学習をする、体を動かすなど、この本でお話ししてきたほとんどのことは、この新皮質の働きです。つまり、人間らしい行動は、新皮質のしわざなのです。

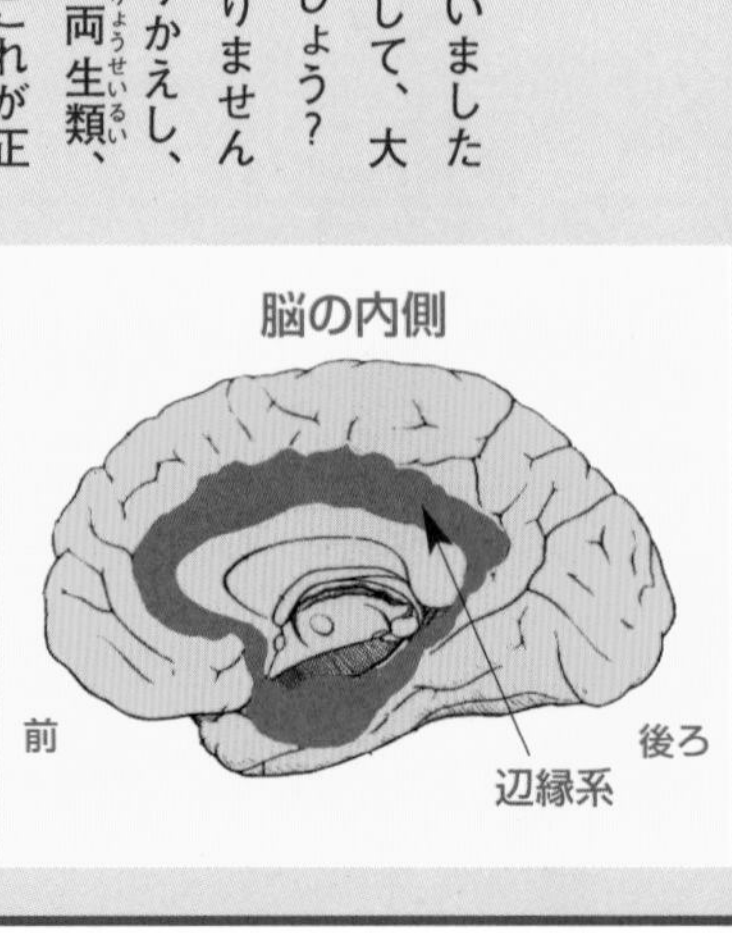

やってみよう⑥

このページでは、わたしがやった実験を、みなさんも実際《じっさい》に試してみることができます。機械で調べることはできませんが、みなさんの脳《のう》も、114ページの図のように活動しています。

実験―写真を見て、知っている人や風景かどうかを答える

●やり方

1. この実験は、友だちと2人以上の人数でやります。
2. みんなで、自分以外の人の顔や風景が写っている写真を持ちよります。
3. 集まった写真は、まぜこぜにして、1つにたばねておきます。
4. 最初の人に写真を見せ、次つぎとめくっていきます。知っている人の顔や風景の写真が出てきたら、「はい」と答えてください。
5. 終わったら、写真のならび方を変え、次の人に交代して、同じようにやりましょう。

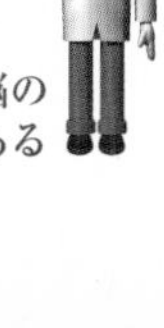

第7章

おわりに――自分で、自分の脳《のう》をつくろう

読者のみなさんは、考えていることは、もう大人と同じくらいりっぱなのだから、いつまでも子どもあつかいするな、と思ったりしていませんか？　体もどんどん大きくなってきて、なかには、もう大人と変わらないくらいの人もいるでしょう。

　では、みなさんの脳《のう》と大人の脳は、ほとんど同じなのでしょうか？

　ここで、わたしと、中学一年生、そして小学校一年生の脳をお見せしましょう。おでこのあたりで、すぱっと横に切ってあります。ここまで読みすすんできたみなさんは、脳をどんなふうに切って、どのように見せられても、もうびっくりしないでしょう。

どうです、なにか、ちがいに気づきましたか？　全体の大きさや形がちがうって？　そうですね、でも、それだけではありませんよ。

みなさんの脳《のう》は、今、発達中

断面《だんめん》のもようを、よく見てください。脳の表面近くには、少し黒っぽくて、くねくねした部分がありますね。その内側には、白っぽい部分があります。

まず、少し黒っぽい部分ですが、ここには、脳の細胞《さいぼう》がぎっしりつまっています。67ページで、脳をおにぎりにたとえたときに、ごはんつぶですよ、といっていたものです。

わたしたちの脳には、小脳《しょうのう》もふくめると、細胞が千数百億個《こ》もあります。脳の細胞は、生まれてからはほとんど増《ふ》えません。ですから、こ

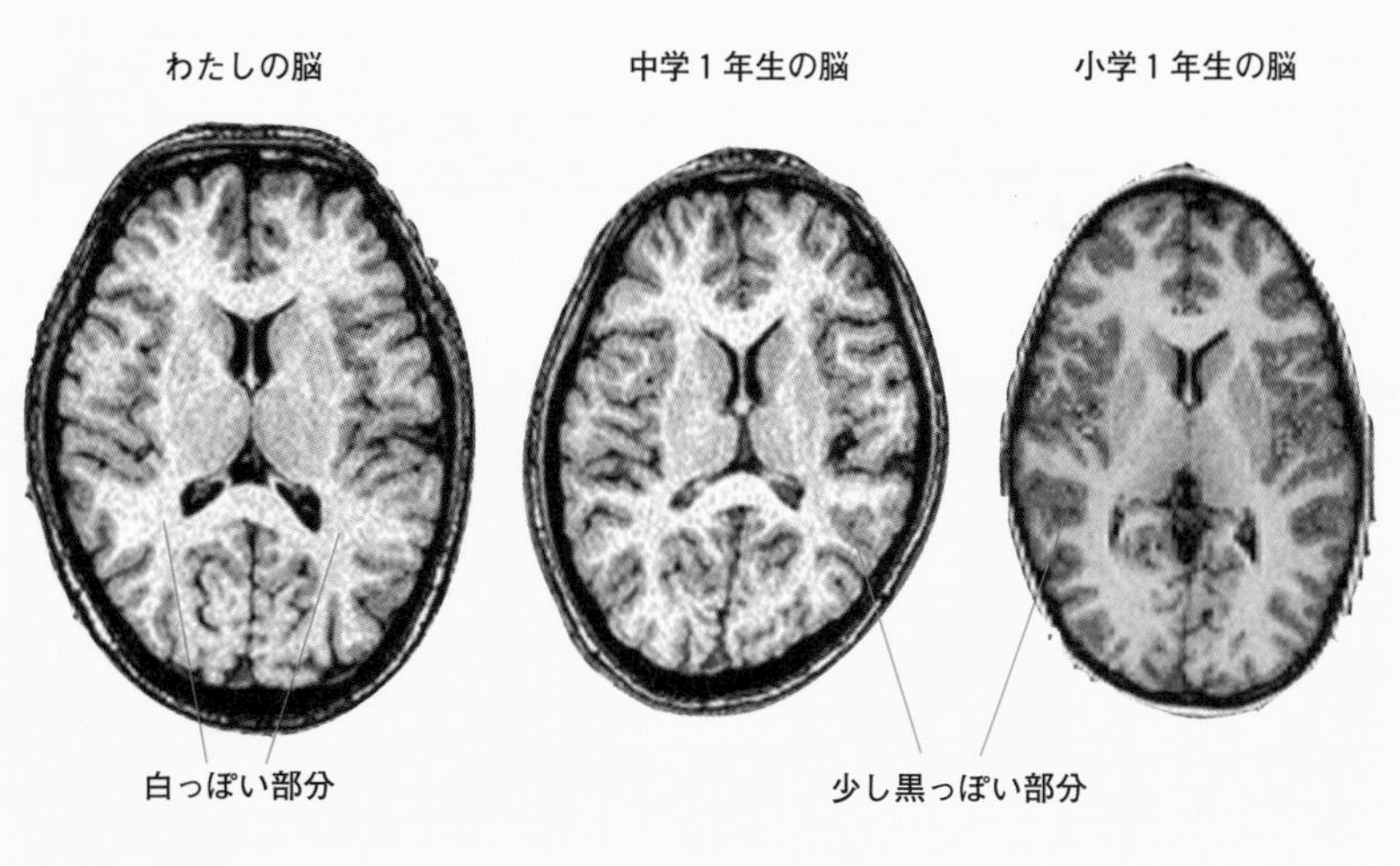
わたしの脳
中学１年生の脳
小学１年生の脳
白っぽい部分
少し黒っぽい部分

の少し黒い部分の体積を三人の脳《のう》ではかり、くらべてみましたが、大きな差はありませんでした。

今度は、白っぽい部分を見てください。ここには、脳の細胞《さいぼう》から十本も二十本ものびて出ている手がつまっています。この手は、脳の細胞と細胞を、つなぎあわせています。この本の中では、わかりやすいように、道すじとか、道路といってきました。

この部分をよく見くらべると、小学生や中学生より、わたしのほうが広いことがわかりますね。体積をはかったら、やはりわたしがいちばんでした。つまり、小学生や中学生では、大人とくらべて、脳の細胞と細胞のつながりがまだまだ少ないのです。

生まれたばかりの赤ちゃんは、脳の重さが、たったの400グラムくらいしかありません。しかし、四歳《さい》から五歳では約三倍の1200グラム、おとなになると1300〜1400グラムくらいになります。この間、細胞の数は増《ふ》えませんから、手がどんどんと増えた分で、重くなっていくのです。

とくに、脳の中でいちばん大切な前頭前野《ぜんとうぜんや》では、二十歳《はたち》くらいまで細胞どうしがつながり、発達していきます。

今まさに、みなさんの脳は発達しているまっ最中です。いろいろなことを勉強し、体験していけば、脳はこれからどんどん発達していきます。努力をした分だけ、まちがいなく、確実《かくじつ》に脳は成長します。

わたしにも、みなさんのような年齢《ねんれい》のときがあったので、今が遊びたくてしかたがない時期であることはよくわかります。でも、脳がいちばん発達する時期でもあるのです。小学校、中学校、そして高校へと、勉強を続けていくことの大切さは、これなのです。

前頭前野《ぜんとうぜんや》をいっぱい使おう

脳の世界の話は、みなさんにとっては、まったくなじみのないことですから、この本の中では、むずかしい用語を使わないようにしてきました。

しかし、一つだけ、脳科学《のうかがく》の用語を使ってきました。「前頭前野《ぜんとうぜんや》」です。

そのわけは、人間の前頭前野は、ほかの動物とくらべてひじょうに大きく、よく発達していて、脳のほかの場所に命令を出す〝司令塔《しれいとう》〟のような、大切な働きをするからです。

わたしたち人間は、進化しながら、前頭前野をどんどん大きくしてきました。さきほどわたしは、「前頭前野では、二十歳くらいまで細胞どうしがつながり、発達していく」といいましたが、これは「大きくなった人間の前頭前野は、二十年もの時間をかけて発達し、ようやく細胞どうしのつながりが完成する」と、いいかえることができます。大きな前頭前野をもっているから、人間はほかの動物とちがうのです。

ということは、前頭前野《ぜんとうぜんや》の細胞《さいぼう》をあまり使うことなく、その結果、細胞どうしのつながりが少なくて、大切な働きがちゃんとできないままで発達がとまってしまったら、どうなるでしょう? ちょっと、考えてみてください。

さて、前頭前野をきちんと発達させるために、細胞を活発に働かせる方法は、この本の中でたくさん紹介《しょうかい》してきました。**自分で考えながら、読書をしたり、計算をしたり、勉強をすることによって、前頭前野の細胞はたくさん働きました。**ほかの人からあたえられたものを、ただ見たり聞いたりするだけでは、あまり働きません。教えられたことを、ただ「へーっ」と思うだけでも同じです。「ほんとうかな?」「なぜなんだ?」「どうすればいいのだろう?」と、自分で考えることがだいじなのです。

みなさんが生まれてからこれまでは、両親や学校の先生、まわりの大人の人たちに、脳《のう》を育ててもらいました。でも、もうみなさんは、自分自身で自分の脳をつくっていく時期に入っています。

みなさんの一人一人が、主役です。そして、自分で自分の脳をつくっていくのです。自分で考えることなく、まわりの状況《じょうきょう》に流されて、「らくだから、これだけやる」「つまらないから、これはやらない」というようでは、絶対《ぜったい》にいい脳をつくっていくことはできないのです。

石を積みあげよう

今ここに、タイムマシンがあるとします。これに乗って千年前に移動《いどう》し、みなさんが学校で習っていることや、本を読んで知っていることを話したら、どうなるでしょう？　きっと、物知りのすごい天才として、尊敬《そんけい》されるでしょう。百年前だったら？　やっぱり、天才少年、天才少女といわれるでしょう。

なぜだか、わかりますか？

それは、みなさんが、この千年や百年の間に発見や発明されたことを、知っているからです。学校で習っていることや本に書いてあることは、わたしたちの先祖《せんぞ》たちが、〝知《ち》識《しき》や知恵《ちえ》という石を、少しずつ少しずつ積みあげてきた山〟だといえます。わたしがずっといってきた勉強とは、そのような知識や知恵を自分のものにするためのものです。テストでいい点をとるためだけの勉強は、してほしくありません。

そして、最後に、もっとも大切なことをお話しします。

わたしたちがいる、この宇宙《うちゅう》が誕生《たんじょう》したのは、想像《そうぞう》もできないほど大昔のことです。地球が宇宙に誕生したのは、今から46億年前。40億年前には、最初の生き物があらわれて、いろいろな植物や動物に進化していきました。わたしたちの先祖である最初の人類

が、チンパンジーからわかれたと考えられているのが500万年前、その後も進化を続け、今、わたしやみなさんがここにいます。このように、わたしたちは、大昔からずーっとつながってきている、長くて大きな流れの先頭に、今まさに立っています。

みなさんの大切な役目は、この流れをとめることなく、次へとつなげていくことです。そのためには、みなさん自身で、まだほかのだれもがやっていない新しいことを見つけだし、頭の中につくった道具を使ってみなさん自身で考え、これまでに積みあげられてきた知識《ちしき》や知恵《ちえ》の山の上に、なにか新しい石を積んでください。

そしてもし、この本を読んで、脳《のう》に興味《きょうみ》をもった人がいたら、大学生になって、ぜひわたしたちの研究室をたずねてきてください。わたしといっしょに、脳のふしぎな世界を探検《たんけん》しましょう。

この本では、脳のいろいろな働きを説明してきました。でも脳には、わたしたちが知らないことが、じつは、まだまだたくさんあります。わたしたちが知っていることは、ほんの一にぎりのことだけなのです。

脳のすべてのことを解明《かいめい》するためには、みなさんの力が必要です。わたしたちの研究室のほかにも、日本や世界にあるたくさんの大学や研究室で、多くの研究者たちが、毎日脳の研究を積みかさねています。みなさんが、仲間になって、いっしょに研究してくれるのを、みんな待っています。

みなさんの手で、わたしが積んだ石の上に、また新しい石を積んでいってください。そして石がどんどん積みあがって、最後には脳の働きが完全に解明されたらいいなというのが、わたしの大きな願いです。

脳《のう》のことを、もう少しくわしく知るために⑦

脳《のう》全体の構造《こうぞう》

脳《のう》がどのような部分からできていて、どんな働きをするのかについて、簡単《かんたん》に説明しておきます。大脳《だいのう》については、この本の中でいろいろとお話をしてきたので、はぶきます。

大脳の下にある小さな脳が「小脳《しょうのう》」です。小脳は、運動の力や大きさのコントロール、運動についての学習などに深くかかわっています。たとえば、小脳がうまく働かないと、ロボットのように、ぎくしゃくした動きしかできなくなってしまいます。最近では、〝考える〟、〝やり方を覚える〟などともかかわっているらしいことが、わかってきました。

小脳の前にあるのが、上から「中脳《ちゅうのう》」、「橋《きょう》」、「延髄《えんずい》」です。そして延髄から下に、「脊髄《せきずい》」がつながっています。

中脳は、感覚や運動のコントロールに、大きく関係した働きをします。

橋は、運動に関係する情報《じょうほう》を、大脳から小脳へと伝えます。

延髄は、消化《しょうか》や呼吸《こきゅう》、心臓《しんぞう》の動きのコントロールなど、わたしたちが生きるために必要な、とても大切な働きをしています。

脊髄は、身体の運動のコントロールに関係する働きをします。また、皮膚《ひふ》や筋肉《きんにく》、関節《かんせつ》から伝わってくる感覚の情報を集めて、判断《はんだん》するような働きにも関係しています。

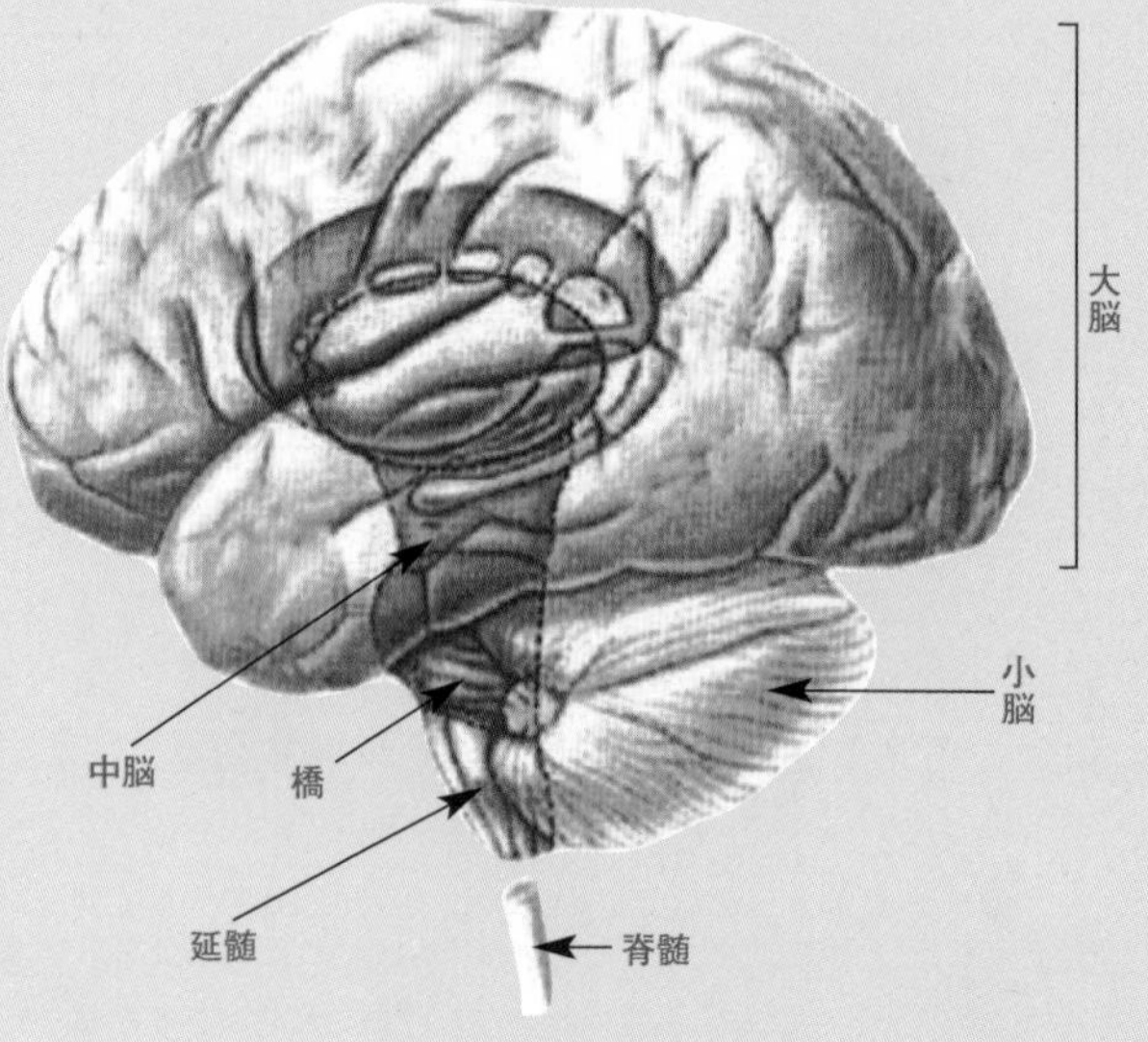

ほかの部分とのさかいがはっきりしないので、図には示《しめ》していませんが、中脳の背中側《せなかがわ》の上には、「間脳《かんのう》」があります。間脳には、大脳へさまざまな感覚情報を伝える「視《し》床《しょう》」と、体温を一定に保《たも》ったり、内臓《ないぞう》や血管《けっかん》の働きの調整などをおこなう「視床下部《ししょうかぶ》」があります。

そして、わたしたちの命を保《たも》つ大切な役割《やくわり》をする、間脳、中脳、橋、延髄を合わせて「脳幹《のうかん》」とよんでいます。


脳《のう》のことを、もう少しくわしく知るために⑧

脳《のう》の機能局在《きのうきょくざい》

わたしたちの脳は、一つの大きなかたまりとして働くのではなく、場所によって働きがちがっていることを、この本の中でお話ししてきました。これを、脳科学《のうかがく》では、「機《き》能局在《のうきょくざい》」とよんでいます。

人間の脳に機能局在があることを最初にはっきりさせたのは、カナダの脳外科《のうげか》のお医者さん、ペンフィールド先生です。今から五十年以上も前のことです。

ペンフィールド先生は、脳に病気がある人を手術《しゅじゅつ》するとき、脳の表面のいろいろな場所を、電気でしげきしてみました。

すると、ある部分をしげきすると手が動く、ちがう部分をしげきすると足が動く、今度は手をさわられた感じがする、足を

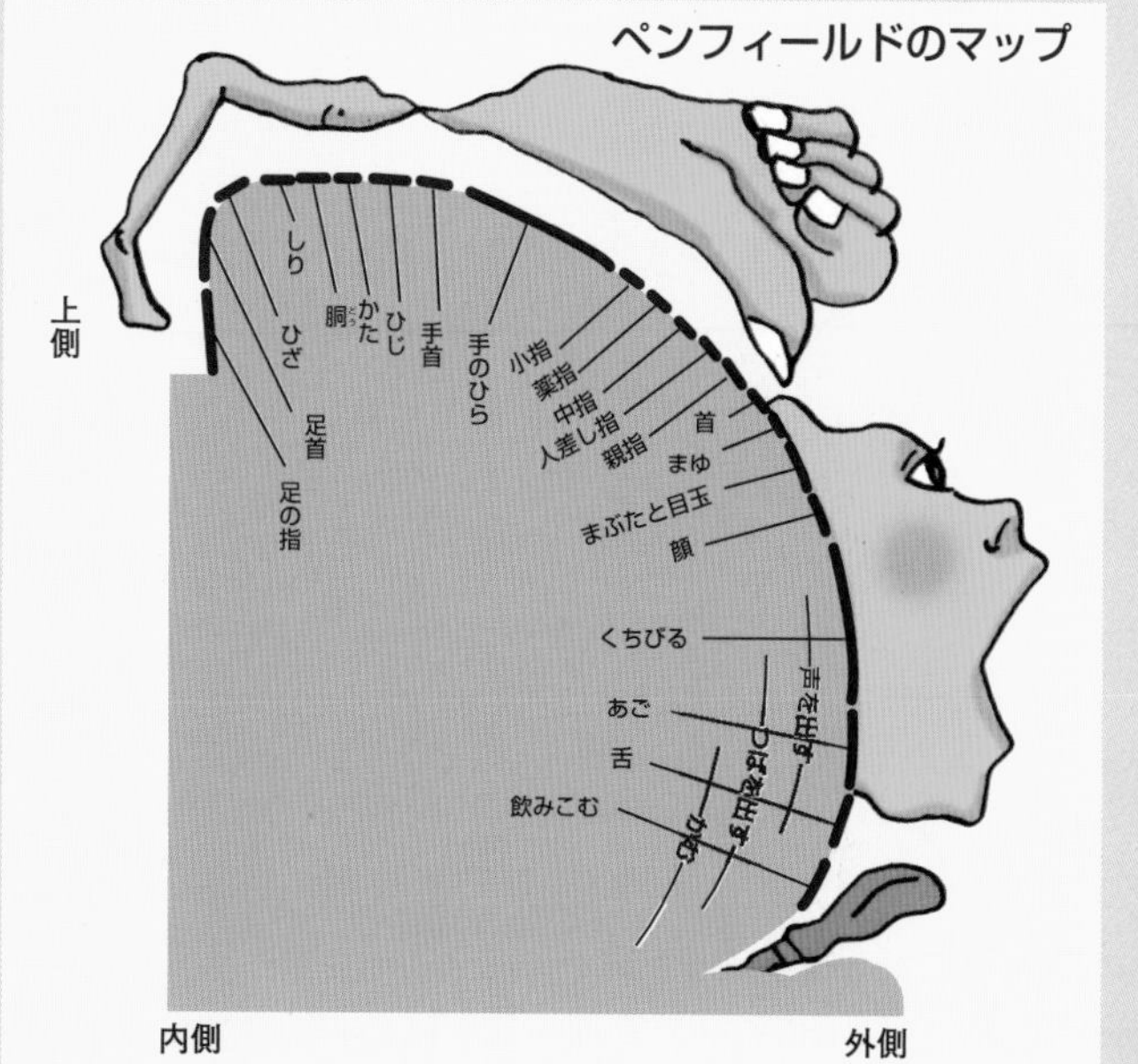
ペンフィールドのマップ
上側
内側
外側
しり
ひざ
足首
足の指
胴《どう》
かた
ひじ
手首
手のひら
小指
薬指
中指
人差し指
親指
首
まゆ
まぶたと目玉
顔
くちびる
あご
舌
飲みこむ
声を出す
つばを出す
かむ

さわられた感じがする、ということがわかりました。そして、脳《のう》のどこをしげきすると、体のどこが動いたり、どこをさわられた感じがするのかを、書きだしました。そして、地図のようにしたのが、129ページの図です。これは、脳のどこをしげきすると、体のどこが動くかを示《しめ》しています。

ところで、脳に直接《ちょくせつ》電気を流すなんて痛《いた》くないのかな、って心配になりませんでしたか？　安心してください。わたしたちの脳には、痛みを感じるしくみがないので、まったく平気です。よく〝頭が痛い〟といいますが、〝脳が痛い〟わけではないのです。頭の痛みとは、脳に血を運ぶ血管や、頭の皮膚《ひふ》にある神経《しんけい》から出る痛みなのですよ。

脳《のう》のことを、もう少しくわしく知るために⑨

脳死《のうし》について

「脳死《のうし》」ということばを、みなさんも聞いたことがあると思います。これは、臓器移植《ぞうきいしょく》ということに関連して、最近注目されてきたことです。ちょっとむずかしいかもしれませんが、大切なことなので、みなさんもいっしょに考えてみてください。

まず「脳死」の意味ですが、わたしたちの命を保《たも》つための大切な働きをする脳幹《のうかん》をふくめた、脳全体がまったく働かなくなって、もう元にはもどらないという状態《じょうたい》です。ふつうは、そうなってしまえば、すぐに心臓《しんぞう》も呼吸《こきゅう》もとまってしまい、その人は死んでしまいます。ちなみに、植物状態《しょくぶつじょうたい》とは、おもに大脳《だいのう》の働きだけがとまった状態で、脳死とはちがいます。脳幹は働いているので、心臓や呼吸がとまることはありません。

昔から日本では、心臓がとまる、呼吸がとまる、光をあてても目の黒目のまん中が開いたままである、この三つがそろったときに、人の死とみなしてきました。ところが現代《げんだい》の医療《いりょう》では、たとえ脳の働きがすべて失われても、人工呼吸器《じんこうこきゅうき》と薬を使えば、心臓を動かし、呼吸させることができます。これでは、三つの条件《じょうけん》がそろわず、今までの方法では、死んだという判断《はんだん》ができませんね。

脳の働きはとまっているのに、体温があるので、「死んでます」といわれても、その人の家族は「そうですか」と簡単《かんたん》に返事ができないかもしれません。また、脳がとまったという判断のやり方にまちがいはないのか、という不安もあるでしょう。なにかの拍子《ひょうし》で、とつぜん脳がまた働きはじめる可能性《かのうせい》がまったくない、ともいいきれません。

では、「脳死の状態になったら、人の死である」と考えることが、なぜ重要になってきたのでしょうか？　それは、臓器移植と、ひじょうに大きな関連があります。

自分の心臓や肺《はい》、肝臓《かんぞう》、腎臓《じんぞう》などに重い病気があって、ほかの人の健康な臓器と交換《こうかん》するしか、生きのびる方法のない人たちがたくさんいます。この臓器の交換は、臓器が少しでも新しいほうが、成功率《りつ》が高くなります。ですから、脳死の状態になってしまった人からできるだけ早く臓器を取りだし、移植を待っている人のもとに一刻《いっこく》も早く届《とど》けて、その人の命を救おう、とする医療が始まっています。

この方法は、移植を待っている人たちには、とてもよろこぶべきことです。また、残念なことに脳死してしまった人の家族も、臓器がほかの人の体に移《うつ》され、生きつづけることで、かなしみがほんの少しだけやわらぐかもしれません。もっとも、将来《しょうらい》、人の臓器とまったく同じ働きをもった人工臓器《じんこうぞうき》ができれば、人から人への臓器移植が不要になり、脳死ということばも、また聞かれなくなってしまうでしょう。

わたしは、死について考えることは、生を考えることと同じくらい、とても大切なことだと思っています。臓器移植のニュースをテレビや新聞で見たら、ぜひ一度、家族で、脳死や死について話しあってみてください。

脳《のう》のことを、もう少しくわしく知るために⑩

脳《のう》の移植《いしょく》はできるのか？

わたしが研究をしている東北大学でも、最近、脳死した人から取りだした肺《はい》の移植がおこなわれました。ところで、脳死した人から臓器を移植するのとは反対に、体が病気の人の脳を、脳死した人に移植することはできないのか、と考えた人はいませんか？

じつは、わたしはみなさんと同じ年のころ、そのようなことを考えていました。これは、可能《かのう》なのでしょうか？

答えは、今はまだ無理ですが、近い将来《しょうらい》には可能になるでしょう。

でも絶対《ぜったい》に、医者は脳《のう》の移植《いしょく》をしないでしょう。絶対にしないと、わたしが考えているのが、なぜだかわかりますか？

「肺《はい》」を移植された太郎さんは、ほかの人の「肺」をもらっても、太郎さんのままですね。でも、もし太郎さんが脳死《のうし》してしまい、花子さんの「脳」を太郎さんの体に移植したら、その人は、いったいだれになってしまうのでしょう？　太郎さんでしょうか、花子さんでしょうか…？　考えてみてください。わからなくなったら、112ページを読みかえしてください。

脳《のう》も年をとる

脳《のう》のことを、もう少しくわしく知るために⑪

脳も体と同じように年をとり、最後には死をむかえます。この道すじは、みなさんも、わたしも、必ず通ることになります。でも、なぜわたしたちの体や脳が老化し、いつまでも生きつづけることができないのかは、よくわかっていません。さまざまな理由が考えられていますが、まだ、だれも、ほんとうのことを知りません。

年をとった人の脳は、まるで手足の皮膚《ひふ》にしわができるように、表面のみぞが広がり、全体がしぼんでしまいます。じつは、わたしの脳の画像《がぞう》を調べると、わたしより若《わか》い大学生にくらべて、すでに少ししぼんでいます。どんなに健康に気をつけていても体が老化していくように、脳も老化していくのです。わたしや仲間たちの最近の研究から、脳がしぼんでいく老化は、男の人により強くみられ、また前頭葉《ぜんとうよう》や頭頂葉《とうちょうよう》に強くみられることがわかりました。

そしてこの現象《げんしょう》は、脳神経細胞《のうしんけいさいぼう》がつまっている部分にはみられるが、神経線維《しんけいせんい》のつまっている部分では、あまりみられないようだ、ということもわかりました。

この本の中でお話ししてきましたが、わたしたちの脳の働きは、神経線維でつながりネットワークになった、たくさんの神経細胞の働きでしたね。ですから、神経線維が年とともに少なくならないということは、じょうずに脳のネットワークをつくりつづけていけば、脳の働きは、年をとってもそんなにはおとろえない、といえます。

では、どうすれば脳のネットワークを保《たも》つことができるのでしょうか？　残念ながら、これをすればよい、とはっきりいえるほどのことはわかっていません。しかし、これまでの研究成果からわたしが考えたのは、「脳に、しげきをあたえる」ことが大切なのではないか、ということです。しげきをあたえるといっても、頭をポンポンとたたけばよいわけではありません。では、どんなことをすれば、よいのでしょうか？

みなさんは、一日が終わるのを、すごくおそいと感じていませんか？　そして、早く上級生になりたい、大人になりたいのに、なかなか時間が過《す》ぎていかないとも感じていませんか？　ところが、みなさんのお父さんやお母さんが、一日があっという間に早く過ぎる、といっているのを聞いたことはありませんか？　わたしも、小・中学生のときは一日がとても長かったのに、大学を卒業したころから、どんどん短く感じられるようになってきました。

これは、小・中学生のときは、たくさんのことを学習して、毎日新しい経験《けいけん》ができるために、脳がいつもしげきされて満足しているけれど、年をとってくると、学習することも、新しい経験もへり、脳へのしげきがたりなくて、脳がたいくつしているからなのだと、考えられています。

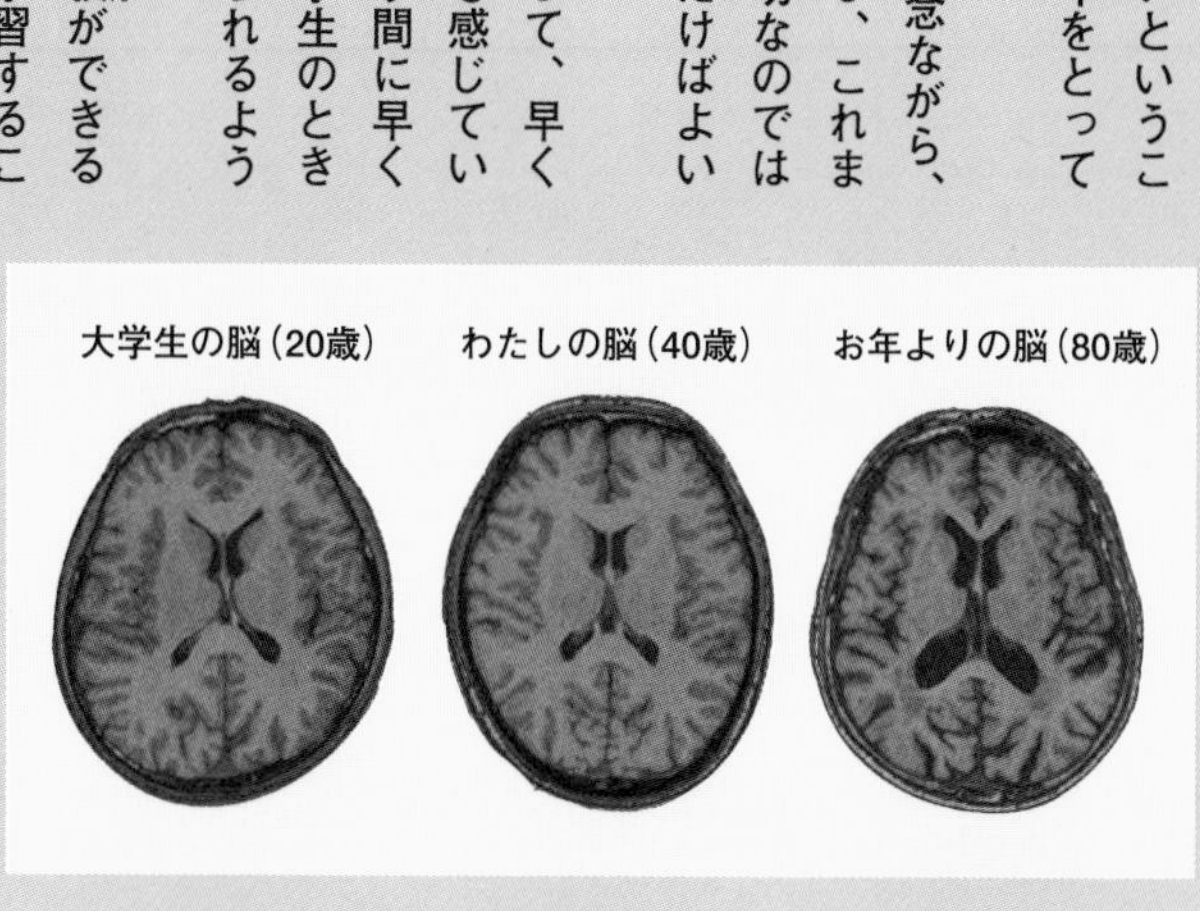

大学生の脳（20歳）
わたしの脳（40歳）
お年よりの脳（80歳）

最近、わたしは研究で、お年よりの人たちが沖縄《おきなわ》へ一週間の旅行に行った前と後で脳を調べ、旅行から帰ってきたときに脳が活発に働いていることを発見しました。ですから、「脳に、しげきをあたえる」には、たとえば旅行に行って、今までに見たこともない世界にふれたり、今までやったことのないような趣味《しゅみ》を始めてみたり、なにか新しいことを学習したりするのがよいはずです。おじいさんやおばあさんに、学校の勉強でわからないところを教えてもらいながら、いっしょに勉強をするのも、よいかもしれません。

このような、脳《のう》の老化を防《ふせ》ぐこつを、おじいさんやおばあさんに、教えてあげてください。

脳《のう》のことを、もう少しくわしく知るために⑫

脳《のう》のことを、もっと学ぶための本

この本を読んでみて、もっと脳のことが知りたいと思った人のために、みなさんが書店や図書館などで見かける脳の本の中から、何点か紹介《しょうかい》しておきます。

この本は、わたしが自ら研究した〝健康なヒト〟の脳の働きを直接《ちょくせつ》調べた結果をもとに書いてきましたが、ほかの本の多くは、サルの脳を使った実験や、ほかの人たちがおこなった研究の結果をまとめたりして、わたしたちの脳の働きやふしぎを説明してくれています。

みなさんには少しむずかしい本があるかもしれませんが、興味《きょうみ》のある人は読んでみてください。

●小学高学年～中学生向け

『どっちがえらい？　脳とからだ―脳と神経の話―』（たんけん！　人のからだ・3）坂井建雄／文　一九九九年　岩波書店

『学習漫画　からだと脳のふしぎ事典』坂井建雄／監修　二〇〇〇年　集英社

●中学～高校生向け

『脳のメカニズム―頭はどうはたらくか―』（岩波ジュニア新書）伊藤正男／著　一九八六年　岩波書店

『心と脳の科学』（岩波ジュニア新書）苧阪直行／著　一九九八年　岩波書店

『脳のしくみと不思議』（学校で教えない教科書シリーズ）鈴木智子／著　一九九七年　日本文芸社

●脳科学の研究者が書いたもの

『「脳」の手帖』（ブルーバックス）久保田 競／著　一九八五年　講談社

『脳を探検する』久保田 競／著　一九九八年　講談社

『脳の不思議』（岩波科学ライブラリー）伊藤正男／著　一九九八年　岩波書店

●外国で出版《しゅっぱん》され、日本語に訳《やく》されたもの

『脳の探検　上・下』（ブルーバックス）フロイド・E・ブルーム 他／著　久保田 競／監訳　一九八七年　講談社

『脳ってすごい！　―絵で見る脳の科学―』ロバート・オーンスタイン　リチャード・F・トムソン／著　水谷 弘／訳　一九九三年　草思社

『ビジュアル版　脳と心の地形図』リタ・カーター／著　養老孟司／監修　一九九九年　原書房

あとがき――川島隆太

読者のみなさんへ

どうですか？　人間の脳《のう》の働きを調べる「ブレインイメージング研究」の成果を中心にお伝えした脳の話は、むずかしかったですか？

わたしが、この本でみなさんに伝えられればいいなと思ったことは、次の三つです。〝脳はとてもふしぎで、ひみつを研究するのは、とてもおもしろいですよ〟、〝脳がどんどん発達していくみなさんには、毎日の勉強がたいせつですよ〟、〝みなさん自身が、自分の脳をつくっていかなくてはいけないのですよ〟ということです。

みなさんの脳は、これからたくさんのことができる可能性《かのうせい》をもっています。ぜひ、自分で自分の脳をきたえて、かがやかしい未来をつかんでください。

そのためにも、勉強し、本を読み、スポーツを楽しみ、そしてたくさんの友だちとおおいに遊んでください。

もう大人になってしまったわたしには、みなさんのことがとてもうらやましいです。

お父さん、お母さん、そして大人の方々へ

現在、脳の研究は、「脳を知る」、「脳を守る」、「脳を創《つく》る」、の三つの柱を中心に推進《すいしん》されています。

わたしが東北大学で行っている、この本で紹介したようなブレインイメージング研究は、「脳を知る」研究の中の一つです。専門的《せんもんてき》には、「非侵襲的脳機能検査法《ひしんしゅうてきのうきのうけんさほう》を用いたヒトの脳高次機能《のうこうじきのう》マッピング研究」と呼ばれています。脳のどの部分に、どのような働きがあるのかを、まるで地図（マップ）を作るかのように、細かく、正確に調べていく研究ですから、マッピングという名称《めいしょう》がついています。

この研究の歴史は比較的《ひかくてき》浅く、一九八〇年代前半より始まりました。わたしは、日本におけるこの領域《りょういき》の、最古参の研究者の一人に数えられてしまいます。近年は、脳機能マッピング研究を行う研究者の数が、日本でも、世界でも爆発的《ばくはつてき》な勢《いきお》いで増えており、多くの学会発表や論文発表がなされています。脳の秘密《ひみつ》の解明が、着々と進んでいるのを実感します。しかし、まだまだゴールが見えてこないのも事実です。

さて、脳機能マッピング研究は、近年、多額《たがく》の研究費が投入されてきた領域の一つです。ところが、この本に記したようなヒトの脳活動に関する研究発表は、ふだんは専門家が集まる学会などで行われるのみで、一般の方の目に触《ふ》れることは、ほとんどありま

せん。これは、大学などで行われている、その他の研究でも同じような状況です。

しかし言うまでもなく、国からの研究費の原資《げんし》は、もちろん国民の税金《ぜいきん》です。税金を使って得られた研究成果（知識）を、専門家の間だけで共有するのは、研究者の独りよがりであると、わたしは常々《つねづね》感じていました。そんな折に、この本を書く機会に恵《めぐ》まれました。くもん出版の方々の力を借りながら、最先端の研究成果をできるだけわかりやすく、未来を担《にな》う小学校高学年以上の子供たちが読めるレベルで、かつ読んだ子供たち自身の夢が広がるようなものにしたつもりです。大人の皆様《みなさま》にも是非お読みいただき、忌憚《きたん》のない御意見をお聞かせ願えると幸いです。

わたしの当初のもくろみは、大学で、どのような研究が行われているのかを子供たちに知らせることで、〝ヒトの脳研究をはじめとする生物学、広くは科学全体に興味を持ってもらいたい〟、さらに、〝大学では面白そうな研究を行っているので、自分も大学に行って勉強をしてみたい、との夢を持ってもらいたい〟、というところにありました。

しかし本を書き進むうちに、「読む、計算する、といった学習が、じつは脳を鍛《きた》えています」と言うメッセージが、はからずも骨子《こっし》の一つになりました。でもこれは、わたしが最近の研究結果をまとめている中で見つけた、まさにわたし自身の子供たちに伝えたい事実の一つでした。

実際に、単純な計算や読書が、脳の多くの領域を活性化《かっせいか》させていたことは、わたしにとって大きな驚《おどろ》きでした。これまでの神経科学の知識では、計算は頭頂葉《とうちょうよう》の一部で、また文章の理解も頭頂葉と側頭葉《そくとうよう》の一部で行われている、と信じられてきたからです。わたしは、もう十年以上、ヒトの様々な行動や認知《にんち》、記憶などに関わる脳活動を測定《そくてい》してきました。しかし、音読や単純計算以上に脳を活性化させることには出会っていません。小学校の初期に行っている教育が、子供たちの脳、それも、ヒトが人である所以《ゆえん》と言われている前頭前野《ぜんとうぜんや》をたくさん刺激《しげき》して、発達に大きな役割《やくわり》を演《えん》じている、との結論《けつろん》に達しつつあります。このような教育システムを作り上げてきた先人たちに、畏敬《いけい》の念を感じています。

　前頭前野には高次な機能がたくさんあることが知られていますが、大切な機能の一つに行動の抑制《よくせい》があります。本の中でも書いていますが、人間の前頭前野の神経線維《しんけいせんい》に、髄鞘《ずいしょう》と呼ばれる鞘《さや》がついて、ネットワークが完成するのは、十八〜二十歳くらいです。子供たちにとって行動を抑制することが往々《おうおう》にして難《むずか》しいのは、この生物学的事実によるのかもしれません。昨今、子供たちをめぐる様々な問題や事件が発生しています。その度に指摘《してき》されている、いわゆる「切れる」子供たちの増加《ぞうか》は、先の結論《けつろん》と照らし合わせると、初等教育の初期における学習の平易化《へいいか》に対して、子供たち自身が警笛《けいてき》を鳴らしているのではないかと、わたしは考えてしまうことがあります。

　この本を読んで、勉強をすることは「ダサい」ことではなくて、自分の脳を鍛えて、自分の可能性を伸ばすことなのだ、と思ってくれる子供たちが、一人でも多く現《あらわ》れてくれることを祈っています。保護者《ほごしゃ》の皆様や大人の方々にも、子供たちが勉強をするということは、単になんらかの技能《ぎのう》を取得するだけではなく、子供たちの脳を発達させるために必要なのだ、ということを是非《ぜひ》心にとめて頂《いただ》き、子供たちを励《はげ》まし、見守ってあげていただきたいと願ってやみません。

二〇〇一年一月

謝辞

脳の研究は、一人では行うことはできません。わたしを支えてくれた多くの人たちに、心から感謝いたします。特に、家族の理解とサポートがなければ、わたしは研究を続けてくることはできませんでした。また、多大な研究協力をしてくれた、わたしの親友でもある、日本大学医学部の泰羅先生と京都大学霊長類研究所の中村先生、すべての研究に大車輪の活躍をしてくれたポスドクの杉浦君、煩雑な事務仕事を行ってくれた佐藤さんと渡邊さんに、あらためて感謝の意を述べたいと思っています。

この本の出版に関しては、(株)くもん出版の谷さんに感謝の意を表します。彼の助言と協力なしには、この本を作ることはできませんでした。また、編集長の原さんや、この本の執筆を私に薦めてくれて、さらにその機会を作ってくれた（株）公文公教育研究所の沖田さんにも深く感謝いたします。

この本に出てくる研究の一部では、ポジトロンCT装置は、厚生省長寿医療研究センターと日本ラジオアイソトープ協会仁科記念サイクロトロンセンターのものを、functional MRI装置は、日本大学医学部と東北福祉大学感性福祉研究所のものを共同利用として使わせていただきました。研究に協力していただいたスタッフの皆さんに感謝いたします。また、これらの研究は、文部省科学研究費補助金特定領域研究（A)、（C）と、日本学術振興会未来開拓学術研究推進事業の補助を受けて行いました。

著者

さくいん

あ行

か行

さ行

●著者●
川島隆太（かわしま　りゅうた）
1959年千葉県千葉市生まれ。東北大学医学部卒業。同大学院医学研究科修了。スウェーデン王国カロリンスカ研究所客員研究員、東北大学助手、講師を経て、現在、同大教授。医学博士。脳のどの部分にどのような機能があるのかを調べる「ブレインイメージング研究」の、日本における第一人者。

●

［本文イラスト］
タカダカズヤ
吉次数時（ロケット）

［装丁・デザイン］
宮川和夫事務所

［協力］
㈱日本・精神技術研究所
㈱日本公文教育研究会
㈱ 公文公教育研究所

自分の脳を自分で育てる

2001年３月27日　初版第１刷発行
2003年３月１日　初版第17刷発行

著　者　川島隆太
発行人　土居正二
発行所　株式会社くもん出版
〒102-8180東京都千代田区五番町3-1 五番町グランドビル
電　話　03-3234-4001（代表）
03-3234-4064（編集部直通）
03-3234-4004（営業部直通）
印　刷　三美印刷株式会社

NDC491・くもん出版・144P・22cm・2001年・ISBN4-7743-0448-4